中国是从哪里来的

[历史文化篇]

《国家人文历史》◎编著

周斌 詹茜卉◎主编

岳麓书社·长沙　博集天卷

图书在版编目（CIP）数据

中国是从哪里来的.历史文化篇/《国家人文历史》编著.-- 长沙：岳麓书社，2022.1（2022.10 重印）
ISBN 978-7-5538-1588-6

Ⅰ.①中… Ⅱ.①国… Ⅲ.①中国历史－文集②文化史－中国－文集 Ⅳ.① K207-53 ② K203-53

中国版本图书馆 CIP 数据核字（2021）第 238220 号

ZHONGGUO SHI CONG NALI LAI DE.LISHI WENHUA PIAN
中国是从哪里来的.历史文化篇

《国家人文历史》 编著
责任编辑：李伏媛
监　　制：秦　青
策划编辑：康晓硕
文字编辑：停　云
营销编辑：王思懿
封面设计：利　锐
版式设计：李　洁
内文排版：麦莫瑞
岳麓书社出版
地址：湖南省长沙市爱民路 47 号
直销电话：0731-88804152　88885616
邮编：410006
2022 年 1 月第 1 版　2022 年 10 月第 2 次印刷
开本：680×855　1/16
印张：17.5
字数：217 千字
书号：ISBN 978-7-5538-1588-6
定价：58.00 元
承印：三河市中晟雅豪印务有限公司

若有质量问题，请致电质量监督电话：010-59096394
团购电话：010-59320018

本图组为清代宫廷画院画师所作的《十二月月令图》，现藏于台北故宫博物院，文件下载自台北故宫博物院官方网站 OPEN DATA 专区

正月

二月

三月

四月

五月

六月

七月

八月

九月

十月

十一月

十二月

目录 Contents

古人的规矩讲究

古人的夜生活 /002

无电时代的"空调"与"冰箱" /008

古人各式发型中,到底有没有刘海? /018

中国人为何如此重视"屯田"? /025

由单到双:中国人起名的讲究 /035

古代官员退休后为什么都要回老家? /043

历史上人们为何会改姓? /050

古人种树的多种用途 /057

古代房产经纪人的运作规则 /065

古人想"协议离婚"有多难？ /074

想知道古人怎么说话，来趟河南就行 /082

古人的传统信仰

《百家姓》为什么以"赵钱孙李"开头？ /092

端午节、屈原和粽子，谁更早出现？ /101

中国不产狮子，为什么石狮子却遍地都是？ /109

"将军肚"是怎么来的？ /115

凡人修仙指南 /122

一座墙内开花墙外香的中国塔 /131

历史上真实的接头暗号都什么样？ /137

清朝高考作文都考啥？ /148

乾隆时代的偶像团体 /154

从蛇妖到女神：白娘子如何成为爱情化身的？ /161

孟婆的身世之谜 /166

古人的饮食门道

八大菜系里为何只有一个北方菜？ /176

同样是小麦，为何西方烤面包，中国蒸馒头？ /184

古人吃牛肉真的很难吗？ /191

中国烧烤小史 /202

东北"野味"：人与自然的和谐之道 /210

鱼香肉丝没有鱼，老婆饼里没老婆 /218

宋代的吃货美学 /224

如何在吃火锅时区分南北方人？ /232

奶茶里面不放奶？内蒙古奶茶第一个不服！ /240

为什么江浙菜没能火遍全中国？ /248

唐僧肉到底应该怎么吃？ /255

古人的规矩讲究

农业问题一直是中国社会的一个重大问题,解决农业问题就能够解决百姓生存问题,从而为发展经济、政治、文化事业奠定基础。

古人的夜生活

文：郭礼君

长夜漫漫，无心睡眠。放到现在，这根本不算事。在灯火通明、网络发达的今天，夜晚不过是另一种生活的开始。但是在古代，外没有路灯、霓虹灯，内没有电灯、无线网，这寂静的夜晚该如何度过？

我不由微微一笑，我们实在太小看古人了。与时而喧嚣、时而空虚的现代生活相比，古人的夜生活反而十分充实。

百姓晚上做什么

先说平民百姓。中国农耕时期的生产力很低，要得到产出就必须要投入大量劳动力，可以说百姓的夜晚并没有那么惬意闲散，人们往往日未出而作，日落不能息。

太阳西下，结束了一天的辛苦耕耘之后，农夫们披星戴月回到家中，为了生活的正常运转，往往还要对农作物进行粗加工，对农具进行加固修理。另外，他们还要根据天气变化，季节更迭，在每个特定节气期间完成大量的准备工作。

比如，北方的农民为了吃到馒头面条，很多工作都是在晚上做的：筛选小麦，把杂质去掉，晾晒干净；放在石磨上磨面；把小麦磨成面粉后和面，发酵，揉成馒头；上锅蒸制。这样，既不会耽误白天的活计，还能一早吃上热乎的饭食。

还有织布，妇女要先把棉花脱棉籽、轧弹花，再把弹好的棉花搓成条形，放在纺机上纺成线团，再纺织，印染，裁剪，做成衣服。这一系列下来需要大量时间，所以不少纺织缝纫都是晚上进行的。

《孔雀东南飞》中的几句诗能反映出女子夜晚织布的辛苦：

十七为君妇，心中常苦悲。
君既为府吏，守节情不移。
贱妾留空房，相见常日稀。
鸡鸣入机织，夜夜不得息。

在古代，普通百姓是点不起油灯的，那他们的夜间娱乐都有哪些呢？在特定时期施行宵禁的情况下，百姓只能小家自娱，逗逗孩子，拉拉家常。在较为开放的朝代，遇有节日庆典，也可以上街转转，无论是摆摊创收，还是单纯闲走，对忙里偷闲的百姓来讲已不失为一种娱乐。

当然，最常见的还是睡觉。年复一年的辛劳，为的不就是老婆孩子热炕头。

> 春眠不觉晓，处处闻啼鸟。
> 夜来风雨声，花落知多少。

不过，为了劳动力的可持续生产，总有一些活动不得不提。中国人自古以来很重视房事。对于"房中术"，古人是认真的。

比如，古人对行房事的时间、空间等都有要求。夫妻行房时，春季头要朝东，夏季朝南，秋季朝西，冬季朝北。逢单日宜交合，双日交合易受损；半夜至中午交合有益处，从午后至半夜前会受损。这么看来，如果碰上讲究房中术的古人，他很可能要先睡上一觉，半夜起来再造人。

学子的夜晚

中华文化源远流长，做学问永远是每个朝代不可或缺的重要部分，那么我们的文人骚客和莘莘学子在夜晚会做些什么呢？

一方面，挑灯夜读是常态，无论为了出仕或是功名，还是单纯的爱好，读书人必然不肯荒废夜晚的大好光阴，富家子弟点灯熬油，寒门子弟凿壁偷光，都是手不释卷，勤勤恳恳。

另一方面，学子们也进行社交，三两好友，把酒言欢，评古论今，吟诗作赋。志同道合之人联络了感情，交流了思想，许多千古绝句也都是诞生于思想碰撞的火花中。当然，学子们也喜欢独处，走走游游，或感悟伤怀，或心生感慨，充裕的感情加上绝妙的文采，在夜晚搭建的舞台上绽放。

　　说到文人与夜晚，其实不乏浪漫故事。不要误会，这里不是才子佳人的花前月下，而是文人间的惺惺相惜。

　　魏晋时期书法家王徽之，住在浙江山阴时，一天夜里，天空下起大雪，已经睡去的王徽之醒来，推开窗户一望，被月色下的雪景打动。他想到了住在几十里外的朋友戴逵，十分想同他分享这份美景和心情，便乘船前往，第二天才到了戴家。但是走到门口时，王徽之没敲门就原路返回了。有人对此感到疑惑："既然来了，怎么不进去呢？"王徽之说出了那句十分具有魏晋风度的名言："吾本乘兴而行，兴尽而返，何必见戴？"

　　还有苏轼的那篇《记承天寺夜游》，写于苏轼被贬期间。当他刚要"解衣欲睡"时，忽见"月色入户"，不免让人欣喜。苏轼也想起了自己的朋友——同样被贬的张怀民，与王徽之不同，苏轼邀请到了好友，并且一起在月色下漫步。庭院洒满月光，像积水充满院落，清澈透明，水中的水藻、荇菜交横错杂，原来是竹子和柏树的影子啊。

　　"何夜无月？何处无竹柏？但少闲人如吾两人者耳。"哪个夜晚没有月光？哪个地方没有竹柏？只是缺少像我们两个这样清闲的人罢了。

　　在文人眼中，漫长的夜晚能让他们沉淀心情，任何情绪都能在月下的独酌、漫步与吟诗中得以排遣。

城市里的夜生活

　　严格来讲，在唐朝以前，中国城市一直实行严格的宵禁制度，除了打更的更夫外，几乎不允许其他人出门。从周代开始，文献里就有宵禁的记载。唐朝的宵禁制度十分严格，"昏而闭，五更而启"，法律中还特别设"犯夜"的罪名。唐朝的《宫卫令》规定：每天晚上衙门的漏刻"昼刻"已尽，就擂响"闭门鼓"；每天早上五更三刻后，擂响"开门鼓"。

到了唐代，公开场合大批人群的夜间活动一年也只能有一次，那就是上元灯节，一年中只有正月十五、十六这两天会解除宵禁。不过到了晚唐，宵禁制度开始松弛。

直至五代，宵禁令才逐渐流于形式，北宋则完全废弃了禁夜令，也造就了北宋"花市灯如昼"的繁华，汴京（开封）鼎盛时拥有百万人口，而临安（杭州）的常住人口亦为百万，之后南宋的建立和北方的大规模人口迁移又铸就了这个伟大的城市。

能够参与夜生活的多是达官贵人。在物质生活得到充分保障的情况下，夜幕降临，纨绔子弟又怎肯辜负这消闲的时光。爱热闹的可以去夜市青楼，结伴夜游，不爱热闹的可以琴棋书画，聊以自慰。最具特色的是夜市上的夜宵，宋朝时甚至有了24小时营业的小吃铺。

灯火通明为他们制造了另一个"太阳"，他们的生活不会受到日夜交替的影响，许多事之所以选择夜晚去做，往往只是为了增添一份别样的情调。宋朝耐得翁在《都城纪胜》中称杭州"坊巷市井，买卖关扑，酒楼歌馆，直至四鼓方静，而五鼓朝马将动，其有趁卖早市者，复起开张。无论四时皆然"，称其"不夜城"也不为过。

还有一种说法，认为夜宵和风月场所的出现颇有渊源。如果哪位古代才子在风月场所看中某位姑娘，需要先在女子房间摆一桌酒席，名叫"拦台饭"，席间少不了浅斟低唱，才子必须得有点墨水才配在这朦朦胧胧的情调下与姑娘进入正题。

落魄江湖载酒行，楚腰纤细掌中轻。
十年一觉扬州梦，赢得青楼薄幸名。

劝君莫惜金缕衣，劝君惜取少年时。
花开堪折直须折，莫待无花空折枝。

而为了让农民安心睡觉、文人舒心赏月、夜市如常开放，也少不了背后的维持者。日不出就作的不只有农民，也有古代官员。他们在凌晨天亮前就要排队集合早朝，为了准时到达，必须半夜就起床。所以，如果一个官员兢兢业业，那么他的夜生活可能结束得非常早。而另一个群体就是商人了。为了能够在夜市摆起摊子，估计也要从早到晚不停歇地忙活。

诚然，现代科技的出现为我们打开了新的世界，这个世界很丰富、很美好。但是，如果累了，也不妨去体会下古人的心境，放空自己，赏一赏月，不枉这夜色所带来的另一番滋味。

无电时代的"空调"与"冰箱"

文：詹茜卉

在没有电器的古代社会，天然冰是十分珍贵的资源。从夏商周开始，中国的用冰习俗一直持续到民国，其中，明清时期的用冰规模最为壮观，尤其在清朝。当来自寒冷的东北地区的满族人入主中原后，在北京过夏成了一件十分难熬的事情，皇家藏冰量大大超越了之前任何一个王朝。如何满足皇家的用冰需求成了一次既需要技术，又关乎国力的考验。

皇家藏冰，以清朝为最多

故宫藏冰始于明朝永乐帝迁都北京。从南方迁至北方的明朝统治集团，在建设新皇宫时就考虑到了冬暖夏凉。紫禁城落成于明永乐十八年（1420年），总建筑师蒯祥精通瓦木石作。经过对北京气候特点的研究，他决定把紫禁城内的宫殿建筑设计成坐北朝南，以利于依靠日照取暖。此外，无论正殿、配殿都是厚厚的墙壁和屋顶，十分保暖，再加上一道又一道高大的宫墙，足够抵挡寒季西北风的侵袭。同时，也因为墙壁够厚，具备了隔热功能，使得故宫室内冬暖夏凉。然而，这事到了清朝人眼里就不一样了，乾隆帝曾埋怨过，故宫的红墙黄瓦明显是在吸收热量，在紫禁城里过夏实在是太难熬。这大概可以解释为什么清朝的用冰规模会比明朝壮观得多。

清朝冰窖以北京城内及其周边居多。根据供冰对象不同，冰窖被分为官窖、府窖和民窖。官窖专指由官方建立并管理，特供宫廷和官府用冰。与之相对的是民窖，由商民设立，专门用于商业经营的冰窖。介于官窖与民窖之间的是府窖，数量很少，专门为王府建立，一般只有为朝廷立过汗马功劳的"铁帽子王"，经皇帝特许后才有建立府窖的资格，仅有6处。

官窖在冰窖中规模最大，范围最广。从清初顺治到乾隆年间，官窖共计23座。紫禁城内的5座分布在内务府造办处院中，距清帝寝宫养心殿前的御膳房很近。宫外最近的冰窖是在景山西门外，共有6座；向北远至德胜门外有10座；向南远至正阳门外有土窖2座。城外的12座官窖主要面向兵、工、刑、吏、户、礼六部官员，以及没有资格建立自己府窖的皇亲贵胄。而分布在皇城内的11座冰窖才算得上真正的皇室专用冰窖。

官窖、府窖均由内务府和工部都水司共同管理，满汉官员各出一人任冰窖监督，负责监管工作，经费全部由国库承担。有时宫廷用冰开销太大，官窖里的冰块库存不敷用，冰窖监督就会从民间采购冰块，康熙末年与雍正年间曾出现过这种情况。官窖能否支撑皇室用冰，依靠的只有国力，到了清末，国库日渐空虚，开始有商人专门对府窖进行"承包"，官窖也纷纷转为"公私合营"，最后干脆改为民办。

皇城冬日采冰故事

每年的冬至时节，京城河水结起厚冰，采冰人的工作正式开始。但在拿起冰镩划割冰块之前，还有一系列工作要做。

首先要选择最优的水源，才能采到最优质的冰块。都水清吏司小心翼翼地考察几个采冰地点后，将备选名单提交给皇帝，并由皇帝亲自下旨选定凿冰的最终地点。通常来讲，地点主要集中在城内的积水潭、什刹海、北海、中海、南海，以及由什刹海向东南流的御河等河湖。选定地点后，冰窖监督和工部所派官员马上祭祀河神，祭祀完毕便"涮河"，即捞去水草杂物，开上游闸门放水冲刷，再关下游闸门蓄水，使水面上涨饱满。

同时，工部都水司有采冰差役定员120名，如果出现人手不足的情况，需要临时加雇短工。采冰工作对人的技术要求很高，每年工部要在采冰前规划需用多少人，在什么地方、什么时间采冰，要采多少冰，确定后请户部拨银子，为采冰人配备相应的皮袄、皮裤、专用"草靰鞡鞋"和长筒皮手套。出身冰窖世家的张玉麟回忆，清代的官窖制定了严格的人员管理制度，每年冬季招雇有技术的壮工，复审合格后，将姓名、住址登记在花名册上，发给有编号的腰牌，之后才能去冰场拉冰。同时还规定窖方有权解雇工人，工人则无权辞职，俗话说就是"只许进，不许出"的行当。更为严厉的是，在冰窖前设有四根辖合木，黑红军棍各两根，矗立在虎头告牌前端。告牌上书有窖则，谁要触犯，轻则体罚，重则法办。

一切准备就绪，只等采冰的最佳时机。曾有采冰人在年老时回忆，打冰必须在三九，"一九二九冰欠坚实，四九冰渐融化"。整整一个腊月，每天如此伐冰纳窖，直至将各窖装满为止。时机恰当的话，整个冬季可以重复采冰三到四茬，甚至五茬。第二三茬冰是在冬季最冷的气温下冻结的，厚而实，干净，晶莹透明，可食用。四五茬冰是在由冷渐暖，地热渐升时冻结的，冰酥而多气泡，易化。

冰镩是采冰人的重要工具，杆长六尺多，顶部镩头呈矛状，有一尺五寸长，带有双倒钩或单倒钩的矛状。工匠在冰面上按照每块冰方正一尺五寸的标准，用冰镩横平竖直地一排排、一行行划出来。根据工部都水清吏司规定，官冰一尺五寸见方，比私冰几乎小一半。要是遇暖冬，河冰厚度达不到的，还要把河水抽上来排放到冰面上，以此增加厚度。

画好要采冰的尺寸后，再继续用冰镩按着画好的线把冰镩下来。冰镩很重，用时双手握牢把手按冰线垂直一抬一放往下镩冰，看似简单，其实很需要技术，镩下来的冰块要方正，不能有大有小，不能破边，技术不熟练的工人镩下来的冰块往往会破碎。冰块镩成后，用镩下方的倒钩将冰从水里拽上来。冰场镩冰的顺序是从河中心开始，镩完一排再镩一排，退着镩。

为了防止冰块出水后融化，采冰工人会把采好的冰块尽快拖至岸边堆积，再由没有太多技术的短工迅速运至冰窖贮藏。当时给皇室运冰的大车称为"御冰车"。冰装好以后，用绘龙的黄布覆盖，大车行于街市畅通无阻，以最快的速度将冰块运至冰窖。运到冰窖之后，会有技术熟练的差役由里向外、由下到上地将冰块一直码放到窖顶，然后封闭窖门，直到次年夏天取用。夏季供冰时间也有明确规定，即从旧历五月初一开始，至七月三十截止。沉重的冰块运到窖口已是不易，又如何让冰块顺利运进落差数米的窖底呢？

运用物理冷藏技术的冰窖

早在周代，中国就有了叫作"凌阴"的简易冰窖，汉代改称为"凌室"。这些冰窖通常建在地势较高，土质坚实的地方，由于土壤温度较大气更为稳定，冰窖一般为地下或半地下结构。根据建筑材料来看，清代冰窖主要分为砖窖和土窖。砖窖用石材和城砖砌成，窖底铺设砖块或者石板，向一端或两端倾斜，最低处与窖外排水沟或专门挖的井相连，以便融水时及时排出，或由设在窖外的井口抽出，窖顶有屋宇覆盖。土窖通常是挖土坑，筑土墙，就是一个大坑。土窖坑池里有四壁，一边有一条运冰的坡道。土窖没有窖顶，只在冬季采冰后，临时用竹竿、杉篙搭个架子，盖上苇席茅草，抹些泥或培土，来保温隔热护冰。两相比较，贵贱立判，皇家御用冰窖都是砖窖。

故宫里的冰窖坐落在隆宗门外西南的造办处外，形制完全相同，均为南北走向的半地下形式。冰窖外表与宫内一般规格的建筑没有差别，都是黑筒瓦元宝脊，硬山顶，灰色墙面，无窗，只在山墙两端各开一券门，从门洞逐级而下可至窖底。

冰窖地下部分深约1.5米，窖内净宽6.36米，长11.03米。地面满铺大块条石，一角留有沟眼，融化的冰水可由此流入暗沟。四壁自下而上先砌1.5米高的条石，再砌条砖至2.57米高，然后起条砖拱券，形成券顶。窨墙厚达2米，隔热效果极佳，至今进入窨内，仍有寒气袭人之感。

除了土壤与厚墙，清朝发现了一种既保温又除菌的"高科技"建筑材料——豆渣石，又名麦饭石，属火山岩类，主要矿物质是火山岩，外观酷似大麦米饭，是一种对生物无毒无害并具有一定生物活性的复合矿物或药用岩石。明代医学家李时珍在《本草纲目》中曾描述"麦饭石甘、温、无毒，主治一切痈疽发背"。如果通过电子显微镜观察，我们可以看到豆渣石上有很多孔，这种疏松多孔的结构里面有大量空气，保温隔热效果非常好，相当于给冰窖铺上一层保温塑料，大大提高了藏冰能力。

除了保温效果佳，多孔结构的豆渣石还能够吸收、分解、清除各种物质，具有除菌、抑菌的作用。冰块本身是由含有各种菌群的天然水凝固而成的，经人工采凿后，在运输至冰窖的过程中，又由工人将冰块拖回窨中，这一系列程序不可避免地使冰块沾染不洁物质。在存冰的过程中，冰块又会因为消融而使储藏环境潮湿，为病菌滋生提供了优质环境。这时候，豆渣石就开始发挥功效了，它们能将融化的冰水中的游离氯、杂质、有机物和杂菌等吸附并分解，保证了皇家用冰的安全和品质。

养"冰"千日，用"冰"一时

在清朝统治者眼里，"冰"与"兵"同音，"贮冰"与"屯兵"的意义不相上下，采冰人也由兵部统一管理。《大清会典》明确交代了清朝官窖藏冰的目的：供给夏日内廷、行幸、祭祀取用，并颁给八旗王公大臣九卿科道等官。此外，统治者会在北京城正阳门、崇文门、阜成门、安定门、地安门、朝阳门、东直门、西直门、德胜门、宣武门十门外及东四、西四牌楼，东单、西单牌楼前官设暑汤十四处，以供军民消暑用。如此大规模地使用冰块，我们就能理解清朝统治者为何如此大费周章地采冰与藏冰，为的就是在关键时刻彰显皇家风范，宣扬国威。

夏日内廷用冰，主要是为消暑。在一没空调二没冰箱的宫廷内，只有冰块能代替这两件现代设备。一到酷夏，殿阁内会出现各种存储冰块的冰桶。据《国朝宫史》记载，每位皇子福晋府中，均配备锡里冰桶一件，至于宗室，家中亦有此设施。康熙年间，文昭曾在诗中提到"盆冰"：

留得去冬水，充作今夏冰。
本是碧涟漪，结作白崚嶒。
谁谓至柔性，刚坚非所能。
六月虚堂前，瓦盆木架承。
暗响清如溜，凉气浮如蒸。

到了夏天，在厅堂内放一个木架，把冰盆或冰桶置于木架上，盆内或桶内放好冰块，凉气徐徐，室内顿时清凉许多。

与普通的木质冰桶不同，皇室所用的都是珍贵的琉璃冰桶、景泰蓝冰桶等。形状多为方形，稍特殊的是上大下小的形状。每个大木箱上都有上、中、下三道铜箍，在中间的铜箍下方，每面都有两个雕成贯圈花纹的孔，以散发凉气。桶内有一层抽屉式的木档子隔板，位于上下二道铜箍间。隔板屉子是活络的，拿起屉子，把冰块放在里面。

这种冰桶的底层所放的冰块，大约一尺多见方。冰桶内部以厚厚的锡镶皮包裹，非但不长锈，还可以隔热。冰在里面慢慢融化，化的水即由铜箍下方的孔中流出。

天然"空调"有了，冰块继续履行冰箱的职责。清朝统治者爱吃冷饮、冰食是出了名的，他们自己也不避讳。爱作诗的乾隆皇帝就曾表白"冰碗"：

> 浮瓜沉李堆冰盘，晶光杂映琉璃丸。
> 解衣广厦正盘礴，冷彩直射双眸寒。
> 雪罗霜簟翩珊珊，坐中似有冰壶仙。
> 冰壶仙人浮邱子，朝别瑶宫午至此。
> 古人点石能成金，吾今化冰将作水。

此"冰碗"指的是各类冰镇水果，藕、莲蓬、菱角等河鲜，以及其他各种甜食小吃。

比乾隆更爱吃冰食的是慈禧太后。慈禧要求消暑小吃必须冰镇，而且花样繁多，金易、沈义羚所著的《宫女谈往录》一书中曾有生动描写："宫里头出名的是零碎小吃。秋冬的蜜饯、果脯，夏天的甜碗子，简直是精美极了。甜碗子是消暑小吃，有甜瓜果藕、百合莲子、杏仁豆腐、桂圆洋粉、葡萄干、鲜胡桃、怀山药、枣泥糕等等。甜瓜果藕不是把甜瓜切了配上果藕，而是把新采上来的果藕嫩芽切成薄片，用甜瓜里面的瓤，把籽去掉和果藕配在一起，用冰镇了吃。葡萄干、鲜胡桃，是把葡萄干（无核的）先用蜜浸了，把青胡桃（南方进来的）砸开，把里头带涩的一层嫩皮剥去，浇上葡萄汁，冰镇了吃……其他像酸梅汤、果子露就不在话下了。"

庚子年间，慈禧、光绪仓皇西行，兵荒马乱。据当时的随銮者回忆，慈禧在西安时想吃冰镇酸梅汤，但地方官员没有提前存冰，御膳房难为无冰之炊。这时，有人建议说：西安城西南百余里有座太白山，山中有一岩洞，深邃阴凉，存有千年不化之冰。于是，慈禧太后便命地方官每日派人前往太白山运冰，供御膳房使用。

慈禧的霸道饮食要求让为她服务的当差者变得更霸道。慈禧住在颐和园时，用冰都取自海淀冰窖，据说运冰的车套了一匹瞎马，赶车的是个独眼龙。每当盖着画龙黄布的御冰车走到狭窄的路段时，其他车辆行人必须赶紧让路，否则它便横冲直撞。所以当时有"三瞎"，即"瞎人、瞎马、瞎横"之说。

当然，统治者不会只顾着自己吃冷饮，多少会体恤进宫上朝的文武百官和京城百姓。顺治初年，政府曾定下制度，"每年自小暑日起至处暑日，凡应安设香薷汤之处，具奏安设"。香薷汤是一种消暑汤，酷夏时节为上朝办事官员提供冰镇饮料，这一传统一直保持到清末。光绪十三年（1887年），皇帝移居南海，服务差役人员跟随于彼，放置暑汤桶的惯例就在原有的乾清门基础上增加了西苑门外一处，在门阶下左右各设有冰桶，装有冰汤，供上朝或办差人员饮用。

国家层面的用冰主要在祭祀和颁冰，这两项均为历史习俗，皇室依章办事即可。祭祀和贵族丧葬用冰的传统始自周朝。另外，每当宗庙大祭祀时，冰不但能够用来保鲜贡品，其本身也是首位的上荐供品，人们把冰盛放在鉴内，奉到案前，与笾豆一列，史称"荐冰"。另一个传统是"颁冰"，也就是"赐冰"，上可追溯到夏朝。保留有夏代资料的《夏小正》中曾记载："颁冰也者，分冰以授大夫也。"为了体现"仁政"，皇帝会与大臣分享皇室藏冰，称为"颁冰"。

清朝赐冰的规定从顺治帝开始。顺治九年（1652年），政府定例

"每岁收藏冰，供各坛庙祭祀及内廷之用，并颁给八旗王公、大臣、九卿、科道等官"。但是在康熙十三年（1674年），康熙皇帝停止为八旗及各部院衙门提供冰块，直至乾隆年间才恢复。乾隆八年（1743年），皇帝奏准在京部院大小衙门，及八旗印房、护军统领、前锋统领，并问刑衙门凡有监狱之处，准于土窖十万额冰内取用。乾隆九年（1744年）明文规定，每年五月初一至七月三十日，各衙门官员，凭盖印后的文件领取冰块。除了内务府官员，北京各衙署官员都会根据自己的级别领取皇帝通过工部赐给的冰票，然后凭票领冰，从入伏一直持续到立秋。

清代以后，具有数千年历史的颁冰规定才随之结束，但紫禁城护城河的起冰活动则持续到20世纪70年代，后来随着冷冻技术的发展，人造冰才替代了天然冰。

古人各式发型中，到底有没有刘海？

文：郑昭昕

在古装武侠剧《剑王朝》中，由李现主演的秦国市井少年丁宁武艺超群，网友们夸赞剧中李现一身少年侠气颇有气势，与此同时还将注意力集中到了李现的发型上——突兀的齐刘海。

令人好奇的是，中国古人的发型中究竟有没有刘海？中国古代流行什么样的发型呢？

头发在中国古代社会是与社会风俗、道德规范等诸多方面密切联系的，譬如中国古代素有成人礼之传统，男子二十岁要将头发梳成大人模样，扎个髻再戴冠即为"冠礼"，而女孩则是十五岁盘发插笄便为"笄礼"。

这种束发传统为古代冠服制度的一部分，自周代起，中国便有相当完整的冠服制度，对不同礼俗中对应的服饰、发式都有明确规范。

《剑王朝》所参考的时代背景正好在周与秦汉之间，那么，此时流行的发型到底有没有刘海呢？

先秦至汉代之发式

男性"束发为冠"，简单来说，就是把长发往顶上梳成一束再带上冠帽。周代男子的发型多为"椎髻"，也就是把头发往顶上束成直立状的发髻，根据《汉书·陆贾传》颜师古注："一撮之髻，其形如椎。"周代男子把头发整整齐齐梳成椎髻后，会用冠帽将发髻套住，不让头发散乱。

秦汉时期，在前朝的基础上，形成了较固定的发式，看看秦始皇陵出土的兵马俑，便可知道当时流行的男子发饰。

这八千余士兵中，一般步兵的发髻多向上耸并略偏向某一侧，似乎是用偏带裹发定型的，有些还带有冠帽。根据考古研究，自先秦起，男子普遍流行"帻"这种冠饰，它实际上是一种用于束发的包头布，即用一块巾布从脑后向前把发髻捆住，在前额处打结，使得巾布的两角翘在前额作为自然的装饰。这种冠饰在当时可是公认的"时尚"，乐府诗《陌上桑》中"少年见罗敷，脱帽着帩头"这一句，"帩头"指的便是这种冠饰。

南北朝时期，受鲜卑胡服影响而出现了"幞头"，一种包裹头部的纱罗软巾，其特征就是脑后披拂两条长巾，正如沈括在《梦溪笔谈》中的描绘："幞头一谓之四脚，乃四带也。二带系脑后垂之，二带反系头上，令曲折附顶。"后来，幞头逐渐成为贵族男子的普遍冠饰，而卑贱执事低微者仍戴帻。

无论幞头还是帻，我们可发现，先秦至秦汉时期的男子发型基本上都是长发且束发为髻，仅仅是冠饰款式上有所不同，而鲜少有额前短发这种刘海造型。

那么，刘海造型是否出现在女子发型中呢？

相比男性，古代女性的发型更加丰富，她们将乌黑的长发分股、绾束成各式各样的髻鬟，用笄将其固定后，配之以各种华丽的冠饰。周代起，妇女便流行梳高髻，直至秦汉时期仍盛行，汉代还出现了许多新的发髻花样，有垂在脑后的"堕马髻"、束于顶上的"盘桓髻"、层次丰富的"缕鹿髻"等。

当时，长安城内有玩笑语："城中好高髻，四方高一尺。"汉代妇女为了使发髻高耸，必须用一些支撑发髻的饰物，因此还出现了"假髻"这种人造发髻，有的是用别人剪下的头发添到自己发中梳作假髻，有的则以铁丝为圈，外编以发。可见，当时确实以乌黑的长发、高耸的发髻为美。

纵览先秦至汉代的男女发型，似乎都不见刘海的踪影，那刘海到底是什么时候出现的？让我们再看看隋唐时期流行的男女发型。

隋唐发式

隋唐时期的男女发式基本继承了历代的冠服制度，同时还发展出大量丰富多彩的造型，唐代社会上普遍流行"高冠峨髻"。

以"高冠"为时尚的男性发式基本仍以束发成髻为主，只有冠饰发生了许多创新，出现了进贤冠、笼冠、武弁、纱帽等林林总总的新冠饰。冠饰的材质也有了很多改进，初期都是较为粗糙的布料，如缯、绢等，后期则多用纱罗等轻薄织物，透气又美观。

举个例子，秦汉流行幞头，到了唐代，人们为了使其达到"高冠"的效果会在其内部衬以硬物，郭若虚在《图画见闻志》里提及"巾子裹于幞头之内"，说的是在唐代，男子会在幞头内侧衬上一种相当于帽坯架的"巾"，衬了巾以后，幞头可被设计成各种各样的造型。《旧唐书·舆服志》记载唐高祖武德时期便流行"平头小样巾"；唐中宗赐给百官英王"踣样巾"，式样高耸而向前倾；玄宗开元时期还出现了"官样圆头巾"等。

唐代女性发式的变化更为丰富。当时发型以巍峨华丽为美，继承了先秦以来高髻的造型，同时还发展出各种新造型，如翻荷髻、反绾髻、凤髻、交心髻等，雍容华贵间还有一丝慵倦之美。唐宋诗歌文学常有意无意地提及妇女发髻之美，譬如白居易的《井底引银瓶》描绘了少女"婵娟两鬓秋蝉翼"，韦应物在《长安道》中描绘盛唐佳人之美："丽人绮阁情飘飖，头上鸳钗双翠翘。低鬟曳袖回春雪，聚黛一声愁碧霄。"

除了发髻，唐代还流行以鬟和鬓做造型。何谓鬟？鬟与髻不同，历代流行的髻都是实心的发盘，而鬟则是一种中空的束发造型，唐代女子将长发束起再绾成环状，环形的发束可变化多种造型，环数也可按自己的喜好而定。鬟的造型尤受年轻女性喜爱，按照高低大小可设计成花样不同的鬟式，譬如当时流行的一种"双鬟望仙髻"便是在后脑勺偏高处将长发绾作双环形的鬟式。

除此之外，还有鬓，鬓便是两耳旁的发，由于鬓自耳边连于发，唐代女子根据发髻式样进而设计各类鬓式，如松鬓、蝉鬓、雪鬓等，有些妇女也会在发鬓上饰以花钿等，更显华贵俏丽。

然而，幼女的发式并无髻、鬟、鬓之分，大都垂于额前；少女发饰则是四垂短发，以发覆眉目，这不正是刘海的原型么？李白在《长干行》中也曾描绘："妾发初覆额，折花门前剧。郎骑竹马来，绕床弄青梅。"说的便是幼年的小男孩和小女孩天真烂漫、青梅竹马的情韵。那么我们可发现，古代的刘海造型起初是在小孩或少男少女身上出现的。这里有一个有趣的典故，年轻的婢女一般都梳丫鬓，也就是丫形的发鬓，当时年轻女孩都这么梳，久而久之便称为她们为"丫鬓"，也叫"丫环"。

实际上，古代小孩在未成年之前，发型都是自然下垂且有修剪的，自周代起小孩的发型多为小丫角，男孩子剪发后留下额上左右两角的胎发，女孩子留的是垂于额头中央的胎发，而这种孩童时代所留的头发，统称为"留孩发"。

"刘海"与"留孩发"音相近，有一说法认为"留孩发"为民间口语，"刘海"是其书面用语。除此之外，民间还流传一个关于"刘海"的传说。相传，唐代有个名叫刘海的仙童，他的前额总是覆盖一排整齐的短发，模样童稚可爱，画家将其画下，从而有"刘海戏金蟾"一图。尔后，人们便习惯将额上留的短发称为"刘海"。

所以，中国古人发型确实是有刘海，但仅仅作为幼儿或未成年的少男少女的发式，而非成年男女普遍流行的发式。

不过，早在上古时期，古人流行过一种类似刘海的自然下垂的"披发"。"披发"又叫"散发"，《山海经·海外西经》记载了上古时的披发风俗：位于龙鱼北面的"白民国"人，皮肤白皙，披头散发。

进入农耕社会以后，由于披发不便于劳动，人们开始把头发扎起来，有段时间流行"辫发"，后来自秦汉开始，"束发为髻"成为主流发式，并作为传统延续下来。

由此看来，中国古代，无论男女都没有短发刘海的造型传统，那么问题来了，这种原为孩子专属的刘海发式究竟是什么时候盛行起来的？

辛亥革命后，社会开始涌现断发易服的呼声，强调通过剪发的方式切断这与身体直接联系的旧观念，提倡革新意识。中国古代发型基本上以长发为美，而刘海造型的诞生便是由长发到短发的一次重大变革，其关键在于"剪"。剪发思潮一开始体现在清末男子的剪辫运动中，自1919年五四运动蓬勃开展，女性也逐步加入这场剪发变革。

民国时期的女性发式造型丰富，最具标志性、最时髦的发型就是刘海。此时期的女明星大部分为短发或者留发髻，头发梳理得光洁整齐，额前留有刘海。民国初年还流行一种短刘海，被称为"满天星"，极具特点和代表性，这在当时是一种进步和文明的象征。

刘海盛行后一发不可收，成为一股新的审美风尚，当时的影视明星纷纷仿效，她们以额前刘海搭配不同的发型，有刘海搭配发髻、辫子的，刘海的疏密薄厚各有讲究，比如当时还发展出一种时髦的短发烫发的造型，最大的新意便在那烫卷的刘海。

时髦之余，刘海造型对于塑造影视人物形象及其性格特点也有一定作用，比如1987年版《红楼梦》中林黛玉的形象，额前稀疏的刘海增加了林妹妹楚楚动人之情。

不同的刘海造型表现不同的性格特色，比如1998年版《还珠格格》中赵薇所饰的小燕子，整齐的短刘海看起来俏皮又有灵气。

刘海造型打破了历史真实中单一不变的束发传统，成为古装剧的宠儿。2007年的电视剧《雪山飞狐》，背景为明朝末年，历史上明朝的发式依旧是束发，然而剧中主角都配有放荡不羁的刘海。

即便没有明确历史背景的玄幻仙侠片，也要配刘海，看看胡歌在

《仙剑奇侠传》里的造型，这刘海使原来性格潇洒的李逍遥更添一股英勇仗义的英雄情怀。

另一部玄幻剧《山海经之赤影传说》，张翰在剧中饰演双面角色，分别是"赤羽"和"心月狐"，从正义到邪恶的转换，除了演技和妆容，你还需要一顶刘海。

刘海愈发重要，造型也愈发丰富，根据不同的发型，搭配还能有无数变化。参考一下《青云志》中李易峰龙须刘海搭配发髻和披发的造型。

如今，刘海这种整洁的额前短发已普遍进入人们的日常生活，易打理又百搭，还显年轻，现在还发展出诸多"新"造型，如齐刘海、斜刘海、空气刘海、法式刘海等。

中国人为何如此重视"屯田"?

文:张鸿腾

　　随着各国限制粮食出口政策出台后,有人担心有朝一日会出现粮食紧缺的情况。这种行为可以理解,毕竟人类所经历的灾难让我们知道了什么叫"防患于未然"。在所有战略物资中,粮食无疑是最重要的一个。

　　史学家徐中约在总结中国古代王朝更迭时认为,农业社会的秩序和混乱很大程度上取决于土地分配适当与否。大乱导致许多人被杀,以至有足够的土地供幸存者耕种,但经过一段和平时期,人口的增长不可避免地导致人均耕地面积下降,这又引起民生之艰,进而引发盗匪和起义,这些乱象又常伴随着治理不力、政治腐败和道德沦落。中国古代王朝就是在这样一轮又一轮的人地平衡与矛盾之间循环往复。

屯田：古代社会的一种农业生产形式

在甲骨文中，"屯"字是草在土中的象形，表示幼芽破土的形象，"屯"字底下的一横表示地面，地下的部分扭曲，表示生长困难，进而用来比喻万物初生的艰难。对"田"进行"屯"，体现出土地的来之不易。

屯田出现于西汉，是指利用士兵和农民垦种荒地，以获取军队给养和税粮，主要可以分为军屯和民屯两种。

西汉前期，汉王朝统治区域常受匈奴的侵扰，匈奴通过与汉和亲获取朝廷银两与丝织品，朝廷也希望用这种方法减少匈奴侵扰。然而事与愿违，西汉与匈奴的矛盾并未缓解，特别是人口稀少的边陲地带，更是首当其冲，仅有的人口基本是被征来的戍卒，又"一岁而更"（一年一换），粮草需要从远道调来，非常不利于戍边，官府要承担繁重的征兵任务，广大劳动人民也要为种粮运粮出力。

对此，借汉文帝征讨匈奴的时机，晁错提出徙民实边，以巩固边陲防御，他认为，匈奴的生存方式决定了他们容易侵扰边境，在《守边劝农疏》中，他分析道："胡人食肉饮酪，衣皮毛，非有城郭田宅之归居，如飞鸟走兽于广野，美草甘水则止，草尽水竭则移。以是观之，往来转徙，时至时去，此胡人之生业。"

但对汉人来说，稼穑是主业，因此他建议"选常居者，家室田作，且以备之"，同时在要害之处和河流交界处设立不少于一千家规模的城邑，先盖房，再置备农耕器具。在募民方式上，晁错建议先招募罪犯和免除刑罚在官府服役的人，不够的话，就招募为了赎罪或为了拜爵的人所献纳的成年奴婢，如果还不够，就招募想去的人，并"赐高爵"，守边有功的人还会获得朝廷的奖赏。通过这种方式，晁错希望达到"邑里相救助，赴胡不避死"的效果。汉文帝采纳了这一建议，募民徙居塞下，形成民屯的雏形。

军屯的雏形则出现于汉武帝时期，同样与匈奴有关。元狩四年（前119年），汉廷分析局势，认为赵信替匈奴策划，在沙漠以北活动，以为汉兵到不了那里，于是用粮草喂马（平时饲马用豆类，战时用粮食），集合十万骑兵，加上自携装备、十四万匹战马准备攻打匈奴，大将军卫青和骠骑将军霍去病分别从定襄、代郡两地出发，将大军分为两部横渡沙漠攻打匈奴。

此战过后，匈奴单于"远遁"，沙漠以南没有匈奴的地盘，汉廷则在河西地区开始设县，兴修水利，并"置田官吏卒五六万人"，巩固获得的新领土，同时又逐步扩大版图，使汉廷控制区域一直连接到匈奴旧地以北。

到了元鼎五年（前112年），南越谋反，西羌侵扰边境，汉武帝因部分地区遭灾无粮而赦免囚犯，征发数十万人讨伐，并设置张掖和酒泉郡，第二年又在上郡、朔方、西河、河西地区设置田官，并安排六十万士卒在那里且戍且田。太初四年（前101年），贰师将军李广利出征大宛，血洗轮台，汉廷又在轮台（今新疆轮台东南）、渠犁（今新疆尉犁西）等地分别置"田卒数百人"，用以屯田。昭、宣时期和元帝初年，除继续轮台、渠犁的屯田外，又先后在伊循（今新疆若羌县米兰东）、赤谷城、车师前王庭等地搞军屯。这些都是汉代几个典型的军屯案例。

西汉屯田减轻了军粮不足和粮草转运成本高的困难，为国家节约了一笔开支，加强了汉王朝的边防力量，并促进了边疆地区的开发。同时，内地流民被移到边地进行屯田，一定程度上缓和了土地兼并所带来的社会问题。然而，尽管在西汉时期就出现了屯田现象，但屯田没有被制度化，多是用于避免长途调粮，解决边境需求。真正提出屯田制是在曹魏时期，这一时期的屯田制规模更大、影响更广。

东汉末年，军阀混战，粮食奇缺。在随曹操镇压黄巾军余部时，枣祇对亦战亦耕、兵农合一的做法产生了极大兴趣。建安元年（196年），曹操击败了颍川、汝南的黄巾军，夺得了一大批耕牛、农具和劳动力。枣祇建议曹操将其利用，在今许昌一带开垦土地，实行屯田，以解决粮食问题。

曹操采纳了他的建议，并任命他为屯田都尉，全权负责屯田事宜。仅一年时间，就获粮百万石。这时的屯田也正式被分为军屯和民屯两种，民屯就是政府把流民（称作"屯田客"）组织起来，向他们提供种子、农具、耕畜等，五十人一屯，让他们去耕作无主土地，收获后，屯田客把收成的五到六成上缴政府作为租税，政府设置屯田司马、屯田都尉、屯田校尉等官吏进行管理。军屯则以士兵为劳动力，称为"佃兵"，战时作战，闲时种地。曹魏政权的屯田制使得受战争之扰的北方社会经济得到恢复和发展，通过安置流民，北方的社会秩序也得到稳定，充实了国家力量。但到了曹魏后期，由于屯田制剥削太重，甚至达到民官二八分的地步，屯田客被土地束缚，而土地又不断被门阀侵占，引发反抗，屯田制遭到破坏。到了晋朝，屯田制已经被废除。

虽然屯田制被废，但屯田戍边的现象并没有就此退出历史舞台。例如，在唐朝前期，面临战乱影响，朝廷在河西陇右地区部署重兵防御，屯田规模较大，《旧唐书》记载，永隆年间（680—681年），"以河源军正当贼冲，欲加兵镇守，恐有运转之费，遂远置烽戍七十余所，度开营田五千余顷"。贞观十四年（640年），唐攻占高昌国，之后设立安西都护府，管理西域军政屯垦事务。太宗不顾魏徵、褚遂良等人的反对，将西域州县化，改西昌州为西州，后又置安西都护府，岁调千兵，谪罪人以戍。此后唐朝在于阗、疏勒、龟兹、碎叶修筑城堡，建立军镇，被称为"安西四镇"。到了南宋高宗初年，频繁的战乱对江淮、荆襄诸路的社会经济造成了很大破坏，百姓流离，土地荒芜。在高宗本人和不少臣僚的支持之下，湖北、淮南、河南、建康府等地区于高宗初年先后出现了数次屯田活动。但总的来看，这些屯田活动多由各地军政长官自行负责，规模相对较小，同时也缺乏南宋朝廷的统一规划。

不仅是汉人建立的王朝，就连少数民族的政权下也有屯田现象。辽太祖耶律阿保机在辽国建立前夕，率领战争中掠夺来的汉人在滦河上游进行屯垦，这是辽国最早的屯田。辽太祖正是凭借屯垦聚集起庞大的人力物力，战胜了反对他的契丹贵族，开启了变家为国的序幕。蒙古忽必烈即位后，"首诏天下，国以民为本，民以衣食为本，衣食以农桑为本"，于是开始了对全国各地进行大规模屯田活动。深受汉人农耕文化影响的元朝统治者，在几次大规模派兵戍边的同时，为满足军需，就在蒙古地区驻军屯田，如漠北的主要屯田区哈剌和林、称海和五条河，漠南的主要屯田区上都、亦集乃。

纵观下来，屯田的主要作用是为了巩固边防、满足军需，并"顺带着"在一定程度上缓和了人地矛盾，但在后期，人地矛盾往往又凸显出来（如曹魏后期的屯田制）。也就是说，在古代社会，尽管有屯田制等多重制度，经过一段时间的发展，还是会出现各种各样的问题，依然避免不了徐中约所说的"历史之自然演进"，直到中华人民共和国成立。

兵团与北大荒：新中国的屯垦事业

东北刚解放后，中国共产党就在东北农垦区域进行了初步探索，位置就在黑龙江农垦区域，即"北大荒"。这里自然条件优越，三江平原分布在此，黑龙江、松花江、乌苏里江在此流淌，地下水量多，地表江河密。这里同时也是世界三大黑土带之一，夏季日照时间长，而且清朝的禁令使得这里的土地未受到大规模开发，保护较好。

1947年，陈云、李富春在中共中央东北局的一次会议上明确指出：东北行政委员会及各省都要在国民党难以插足的地方，试办公营农场，进行机械化农业生产试验，以迎接全国解放。从1947年至1949年，一批从延安和其他老革命根据地来到东北的干部，带领拓荒者在渺无人烟的北大荒上挂起了通北农场的第一块牌子。这一时期，陆续建立了通北、宁安、赵光、永安、查哈阳等农场，又安置了在东北解放战争中的许多伤残军人，这些军人又称"荣誉军人"，办起了黑龙江省伊拉哈荣军农场和松江省伏尔基河荣军农场，同时搜集日本"开拓团"遗留下来的破旧拖拉机和农具，从此开始了全面开荒大生产运动，为日后的大规模开发北大荒摸索出了经验，奠定了基础。

今天我们提到兵团，一般是指新疆生产建设兵团，但在新中国历史上，"兵团"不只是新疆有。

中华人民共和国成立后，曾有新疆生产建设兵团、北京军区内蒙古生产建设兵团、沈阳军区黑龙江生产建设兵团、兰州军区生产建设兵团、云南生产建设兵团、广州军区生产建设兵团、安徽生产建设兵团、江苏生产建设兵团、浙江生产建设兵团、山东生产建设兵团、福建生产建设兵团、湖北生产建设兵团、福州军区江西生产建设兵团等，多在二十世纪六七十年代成立。当时，全国的军垦、农垦系统有农场两千多个，其中的军垦师主要由解放军生产部队或复转军人创建，同时吸收了大量支边青年。后来逐渐被军垦化了的农垦农场有三类：一是由复转、伤残军人建立（如黑龙江九三荣军农场）；二是由知青垦荒组织和支边青年、归侨创建（如上海大丰农场）；三是劳改农场（如青海德令哈农场）。这些农场为兵团的成立奠定了一定基础。

例如兰州军区生产建设兵团，横跨甘肃、青海、陕西、宁夏四个省区，1963年，以河西国营农牧场为基础，组建了农建十一师，同时调进大批复转军人和知青。1966年，青海以劳改农场格尔木农场为基础，成立农建十二师，并从其他城市接收知识青年1万多人，他们主要参加军垦建设。一时间，兵团成为知识青年"大有可为"的"广阔天地"。1968年6月18日，经中共中央主席、中央军委主席毛泽东亲自批示，中共中央签发了《关于建立沈阳军区黑龙江生产建设兵团的批示》，成立沈阳军区黑龙江生产建设兵团，并接收了国营农、牧、渔场93个，合编为5个师（辖58个团）、3个独立团，司令部设在佳木斯市。这一批示的目的在于屯垦戍边，在沈阳军区的指挥下，执行战役火力侦察，分布于黑河、佳木斯、牡丹江各战役要点，强化东北边陲安全。

广州军区生产建设兵团则吸纳了更多的知青。1968年，在中央军委的指示下，广州军区成立了生产建设兵团筹建领导小组，1969年4月正式成立广州军区生产建设兵团，同时接管了原海南、湛江的国营农场和华南热带作物学院、研究院，归广州军区建制，受广州军区和广东省革命委员会双重领导。兵团总部设在海口，兵团机关以海南农垦局为基础组建，各师由广州军区从各部队抽调干部组成。1974年6月，番号撤销，归地方农垦部门领导。

以兵团方式进行农业生产，有着不可替代的优势。新中国的兵团，就是探索、实践、推广农业机械化的重要力量。兵团以不断探索开发的路子积累了许多当地工农发展的经验，同时，兵团是党政军企合一的建制，人才济济，科技力量雄厚，科研实力强，有集团化、搞大生产的优势，而且垦区大多分布在边境边、荒漠边、大山边等条件较差的地方，有效带动了落后地区的发展。

兵团的成立最初为服务地方工农发展起到了开创性作用，但随着时间推移，有些兵团的农业建设逐渐转型为市场经济的补充，在1974年到1975年期间被撤销，成为地方农垦系统，新疆军区生产建设兵团也是在此期间被撤销的。

1981年，邓小平在王震的陪同下视察新疆，一行人参观了石河子垦区，参观了棉田、农科所、原兵团战士的家。之后，邓小平指出，"兵团事业要大发展"，同年新疆的兵团得到恢复，名称改为"新疆生产建设兵团"，支持当地的生产建设。

如今，"兵团"作为简称主要指新疆生产建设兵团。经过几十年的发展，新疆生产建设兵团成为当地农业现代化的代名词。在新疆，见到长方形的条田、整齐的林带、配套的水渠和宽阔的道路，不用猜，这里准是兵团的团场。大农业、大条田、大机械、大生产……几十年来，新疆生产建设兵团的农业机械化、自动化水平一直走在新疆乃至全国的前列。新疆缺水，兵团就大力推广新技术，逐渐由渠水漫灌变为喷灌、微灌（包括滴灌、涌泉灌），成为全国大型节水农业示范区之一；发展和推广农业精准技术，应用基因导入等现代生物工程技术培育新品种，实现主栽品种的全面更换。目前，新疆生产建设兵团已在塔克拉玛干、古尔班通古特两大沙漠周围和两千多公里的边境线上开垦出了1600多万亩良田。此外，全国最大的节水灌溉基地、全国重要的商品棉生产基地、全国重要的红枣产区也在戈壁滩上逐步建立起来，兵团农业也成为全国农业现代化过程中的"佼佼者"。

改革开放后，北大荒也在创造奇迹。尽管这里农业生产条件良好，但毕竟自然环境恶劣，冬季漫长寒冷，夏季沼泽遍布、蚊虫成群，甚至还有野兽出没。但是，这里的人们凭借开拓进取的北大荒精神，从开垦初期年产粮仅0.048亿斤，到1978年总产量突破50亿斤，再到1995年突破100亿斤，不断创造奇迹。

然而，大规模过度开垦造成的弊端也逐渐显现：湿地面积减少80%；土地沙化，流失严重，旱灾水灾频发等。20世纪末，国家决定恢复生态环境，停止开发三江平原荒地，建立自然保护区，退耕还林、还草、还湿。1998年3月，经国务院批准，成立黑龙江北大荒农垦集团总公司，组建北大荒农垦集团。

现在的黑龙江，农业现代化规模处在全国前列，科技化水平逐步提高，培育了绥粳18、东农252等一大批优良品种，推广水稻旱育稀植、大豆垄三栽培等高产模式，创建370个现代农业科技园，建成了千公里科技示范带，成为中国最大的商品粮基地。这与北大荒的开发是分不开的。过去的北大荒，如今成了名副其实的"北大仓"。

农业问题一直是中国社会的一个重大问题，解决农业问题就能够解决百姓生存问题，从而为发展经济、政治、文化事业奠定基础。

中国古代屯田符合农耕经济的发展需要，也适应了当时中国小农社会的现实，使得农桑、水利事业得以推进，边疆地区得到安定。

到了现代，为巩固国防，推广现代化农业，屯垦事业再次受到中央重视。今天，新疆生产建设兵团和北大荒成为当代农业现代化发展的一个缩影，代表了中国农业机械化的最高水平，成为中国的"大粮仓"。

国家在发展经济的同时，从来没有一刻忘记过粮食的重要作用。屯垦事业对于巩固国防、维护粮食安全发挥着不可替代的作用。从古至今，粮食问题一直是重中之重。新中国对中国边疆地区的农业可持续开发，使我们耕地面积大幅增加，中国的粮食安全得到了基本保障。

由单到双：中国人起名的讲究

文：元微之

　　我们在看《三国演义》时常会发现一个有趣的现象，就是剧中的人物几乎全部是单名，仅有的三字名也都是复姓，比如诸葛亮、司马懿、太史慈等，但到《隋唐演义》时就完全不同了，从虚构的宇文成都、裴元庆，到真实存在的单雄信、徐世勣，双名大量出现。这并不是我们的错觉。据统计，《后汉书》《三国志》记载的人物中，单名的比例高达98%和99%，而《隋书》降到了59%，在《新唐书》《旧唐书》中的比例降至43%，有相当大的变化。这种变化是怎么产生的，古人在起名时都要考虑哪些因素呢？

避讳与汉晋的单名传统

在中国古代，名和字是两个相关又不同的概念，在称呼时有严格的规定。《礼记·檀弓》记载说："幼名，冠字，五十以伯仲，死谥，周道也。"意思是说，士人在人生的不同阶段要使用不同的称呼，幼年称"名"，行冠礼之后称"字"，五十岁以后称"行第"，死后称"谥号"。行冠礼代表着成年，要由父母或长辈赐予"字"，"冠而字之，敬其名也"，此后除了国君、父母、长辈等以外，其他人要称呼其"字"以表示尊敬。古人的名与字之间往往有密切关系，比如《三国志》记载关羽本字长生，后改字云长。羽指"羽人"，是汉代一种具有广泛群众基础的仙人信仰，其核心就是长生，其后所改的"云长"同样与此有关。唐代茶圣陆羽，字鸿渐，取自《周易》的"鸿渐于陆，其羽可用为仪"。

士人成年之后，名对其就有非常重要的意义了，一方面可以用来确认交往双方的地位尊卑高下，另一方面也与人的安全、命运有密切关系。比如，春秋以来的"策名委质"之礼，就是将自己的名写到国君的载书之上，来表明君臣关系的确定；先秦盛行的巫术则要以木刻为人像，写名于上来进行诅咒，人名在其中起到代表被诅者媒介的作用。对名的重视在许多文化中都存在，人们常常以为名字和名字所代表的人或物之间不仅是概念上的联系，还有实在的物质联系，因此，巫术可以通过名字，犹如通过头发、指甲及人身上其他部分一样，来为害于人。现在的影视作品中偶尔还能看到这样的情节。

因为这些原因，我国很早就产生了避讳制度，凡君主和尊长的名均不得直书或直说，必须加以回避，这也使先秦时期在起名时就有很多要求。《左传》记载申繻为桓公之子起名时强调"不以国，不以官,不以山川,不以隐疾,不以畜牲,不以器币",因为"名终将讳之。故以国则废名,以官则废职,以山川则废主,以畜牲则废祀,以器币则废礼"。先秦时期的人口还比较少,且仅避死讳(死后方避其名讳),不会造成人名、物名的混乱,所以单双字之名很常见,比如齐桓公名小白,晋文公名重耳,郑庄公名寤生等。

秦代开始避生人名讳,比如秦始皇名嬴政,故讳"政、正",改"正月"为"端月"。两汉以来避讳制度越来越严格,不仅帝王名讳有专门的用字,比如高祖刘邦"讳邦之字曰国",武帝刘彻"讳彻之字曰通",而且避讳的范围也逐渐扩大,包括皇族和外戚之讳,这导致需要回避和更改的文字越来越多,汉律中又有触犯讳法的规定,引发了实际生活的种种混乱。汉宣帝曾经因此下诏,"闻古天子之名,难知而易讳也。今百姓多上书触讳以犯罪者,朕甚怜之",下令免除百姓之罪。为了克服这些弊端,两汉以来的皇帝大多采用单名,以减少所讳之字,比如汉昭帝一开始名"弗陵",后来改成单名"弗",就是"以二名难讳故"。士人等精英阶层在帝王名讳之外还需要避父祖等家讳,因此单名很快形成一种文化习惯,风靡全国。

除了避讳这种实际考虑,汉武帝之后,儒学理念的渗透也是单名化普及的重要原因。两汉时期占据经学主流的《公羊传》中有《春秋》"讥二名,二名非礼也"的说法,这对于当时的士大夫们有深远的影响。著名的理想改革家、新朝皇帝王莽,就是严格遵循儒家古礼的典型。他在即位之后大搞复古改革,除了改易官名、地名、国名,还颁布"令中国不得有二名"的诏书,甚至还劝说匈奴单于改为单名,史称"匈奴单于,顺制作,去二名",遵从了王莽的改制。这也进一步加强了单名观念,姓、单名、字所构成的人名成为这一时期官吏、儒生一般的制名习惯。

东晋以后双名的兴起

汉晋时期流行数百年的单名传统，在东晋以后开始发生改变，双名逐渐增多，并与单名呈并驾齐驱之势。这种变化主要是受到宗教和民间风俗的影响。经过汉末的"黄巾之乱"和西晋的"五胡乱华"，两汉以来的儒学传统逐渐被破坏，以竹林七贤为代表的魏晋名士开始引领潮流。他们遵循"越名教而任自然"的原则，尝试冲破礼教的限制，追求自由平等。与此同时，东汉末年形成的道教和自印度东传的佛教影响逐渐增大，除了改变了人们的世界观，也影响了汉晋时期制名的惯例。

东晋后期社会上层兴起的双名中，"单名"搭配"之"是一种常见的姓名构成方式。这种例子非常多，比如"名师大将莫自牢，千军万马避白袍"的名将陈庆之，南朝著名数学家祖冲之，为《三国志》作注的史学家裴松之，著名画家顾恺之等。当然最为典型的当属"天下第一行书"王羲之的家族。王羲之属于琅邪王氏，是侨居南朝的北方大族，与其平辈的六世有晏之、允之、颐之、胡之等；七世有玄之、凝之、徽之、操之、献之等；八世有陋之、裕之、静之、镇之等；九世有悦之、标之、唯之等；十世有秀之、延之、舆之。

单纯从文字角度来说，"之"只是一个虚词，并没有实质性的字义。根据陈寅恪先生的研究，"之"进入名是天师道徒的习惯，具有信仰标识的内涵。天师道的前身是汉末张陵所创建的"五斗米道"，主要在下层民众中传播，西晋后由寇谦之和陆修静进行改造，并在士大夫阶层中逐步普及。天师道宣扬长生不死观念，鼓励采药炼丹，深受门阀士族的喜爱。根据史籍的记载，琅邪王氏"世奉五斗米道"，王羲之的次子王凝之尤其虔诚，以致到了"走火入魔"的境地。他任会稽内史时，恰逢孙恩之乱，当叛军包围会稽城时，他不仅不派兵防守，还笃定地祈祷天师相助，最后城破身亡，死得不明不白。

除了"之"字，同样带有宗教性质的"道""昙""灵""僧"等虚字也大量成为人名的用字。比如南朝书法家王询的孙子辈有僧达、僧谦、僧绰、僧虔，曾孙辈有僧亮、僧衍、僧佑。南北朝门阀士族势力强大，尤其重视避父祖之家讳，但"之""道"这一类虚字主要是作为双名中的信仰点缀，不具有实际人名功能，所以不需要避讳。我们可以看到王羲之家族五代中人名带"之"字者多达数十人，不仅从姓名中完全看不出辈分，而且父子、祖孙等均"同名不讳"，这也使双名一时成为风尚。

宗教对中国古代人名的影响很大，除了改变单名传统，很多人名也直接采用宗教中的名号或者术语。北朝时期，人们多以神将为名，比如北魏北地王世子，名叫钟葵，元叉的本名为夜叉，他的弟弟元罗，本名为罗刹。这种传统也延续到了唐朝，哪吒父亲托塔李天王的原型李靖，原名李药师，就是源于佛教中的药师佛，金庸《射雕英雄传》中东邪黄药师的名字，很有可能就是借鉴了李靖的本名；太宗李世民在玄武门之变中杀掉的隐太子李建成，小字为毗沙门，是佛教中四方位天王之一的"北方天王"，在中国内地多以战神的面貌出现。

除了宗教，双名的兴起也受到民间文化习惯的影响。汉晋时期，许多底层民众既无冠礼也没有字，他们在日常生活中也以名相称。民间所起的人名不求典雅，多带俚俗色彩，又因语言习惯常以双字出现，所以在单名流行的汉晋时期下层也有许多双名者。上层的士族虽然有单字的雅名，但同样也有非常随意的小名，比如曹操小名阿瞒，刘禅小名阿斗。南北朝时期，士族的小名也颇有民间色彩，西晋齐王司马攸小名为"桃符"，司马昭非常喜欢他，常称呼他的小字"此桃符座也";辛弃疾的名句"人道寄奴曾住"中的寄奴,就是南朝宋开国皇帝刘裕的小名;此外,梁武帝萧衍小名为"练儿",也是俚俗之名。南朝为寒人政权,处于精英和基层之间,经常变动阶层,他们的存在使精英阶层受到了民间习惯的影响,逐步突破了单名观念的限制。

同时,双名相对于单名多出一个字,也能表达更丰富的内涵。比如东晋时期桓豁听闻前秦苻坚国中有谶言"谁谓尔坚石打碎",于是其子名石虔、石秀、石民、石生等,以应谶言;唐高祖李渊有嫡子四人,分别名为建成、世民、玄霸、元吉,合其名首字为"建世玄元",寄托了李渊对诸子的殷切期待。出于表意需求和审美需要,门阀士族人名中的虚词逐渐超出了信仰层面,开始普遍出现,这又反过来推动了双名化的进程。

谱牒的繁荣

现在中国南方的许多地区还保持着相当浓厚的宗族文化传统。有的宗族人数颇多,而且散落在全国各地,不能参加例行的宗族活动,但族谱却能成为他们联系和认同的重要纽带。

魏晋南北朝还是世家大族占据统治地位的时期。高门士族尚门第、重姻娅,他们为了保持血统的纯正和庶族的界限,编撰了大量的公私谱牒。谱牒的修撰讲究世次系统,大宗谱例一线贯通,虽数十代而不绝,而随着宗族人数的扩大,必然有明世次、分经纬的要求。在单名流行的时代,这种要求主要通过排行字,或者共用部首等方式来实现。排行字就是在字中以"伯仲叔季"进行排列,一般同父兄弟间用此方式。比如我们熟悉的三国时的孙策，字伯符；他的弟弟孙权，字仲谋；三弟孙翊，字叔弼；四弟孙匡，字季佐。还有单名中用同一部首之字来表明辈分的，比如南朝宋沈怀文三子分别名为沈淡、沈渊、沈冲，均为"氵"旁。

随着人口不断增加，宗族的规模总是越来越大的，远房宗亲之间相见常常需要排清辈分。颜之推在《颜氏家训》中就说，当时的"河北士人，虽三二十世，犹呼为从伯从叔"。这样大规模的宗族，不管是追寻父祖还是查阅谱牒来排辈都不方便，从人名上来做标志就成为流行的选择。但是偏旁数量有限，而且可供选择的字也有限，随着辈分的增多难免会出现重复，造成混乱。随着民间私修谱牒之风的盛行，很多家族开始以双字来取名，用一个共用字来标识辈分。比如出自清河房氏的唐初名相房玄龄，他的家族世系：

房熊——房彦诩——房玄赡
　　　　房彦谦——房玄龄
　　　　房彦询
　　　　房彦式

隋唐以后，这种现象进一步发展，出现了称呼行第的风尚。行第是同曾祖父兄弟的长幼次序来排定的，唐代上至皇族，下至百姓都以行第相称。比如诗仙李白又称李十二，白居易又名白二十二，刘禹锡又名刘二十八。杜甫曾经有一首诗《与李十二白同寻范十隐居》，"李十二白"指的就是李白。唐睿宗执政时期，每次遇到宰相奏事，就问："尝与太平议否？"又问："与三郎议否？"这里面"太平"指的是太平公主，"三郎"指的是后来的唐玄宗李隆基，他排行第三。当时正是李隆基与太平公主争权的时期,他曾因为睿宗偏向太平公主,泣曰:"四哥仁孝,同气唯有太平。"李隆基排行第三,他是没有四哥的,这里的四哥指的是他的父亲睿宗李旦。李旦是高宗李治和武则天的小儿子,排行第四,所以称之为"四哥",并没有平辈的意思。宋代还延续了这种风俗,比如欧阳修又称欧九,秦少游又名秦七。宗族中排辈的需要也进一步推进了双名化的趋势,成为宋代以后按照"字辈谱"取名的开端。

古代官员退休后为什么都要回老家？

文：小黄鱼儿

离别家乡岁月多，近来人事半消磨。

唯有门前镜湖水，春风不改旧时波。

——贺知章《回乡偶书二首·其二》

盛唐诗人贺知章一生顺遂，三十多岁就已高中状元，其后一直在京都为官，直到八十六岁告老还乡，回到浙江绍兴"舍本乡宅为观"，可谓是"出走半生，归来隐为道士"！贺知章"少小离家老大回"，五十多年不曾在家，回家时，乡里的少年儿童见到他都以为是外来客，其境遇很像现代人说的"回不去的故乡"。既然如此，他退休后为何不留在更为熟悉的京都，而要回到家乡呢？

其实不只贺知章，绝大部分古代官员退休后也都要回乡，其中既有"京城米贵"的经济原因，又有"皇帝诏令"等政治因素。

京城米贵

现在，北上广的房价往往令人望而兴叹，其实古代也一样，大城市的房价让人高攀不起，即使科举成功，当上了公务员，拿着高薪水，但是没有丰厚的家底，想在京城买房是很困难的。更何况，当了官总不能自己打扫卫生吧，出了门也得有个小厮跟着，显得有排面，古代又没有钟点工，这些人等同于当时的"住家保姆"，只买个一居室显然也不够用。

话说唐朝大诗人白居易年轻时当"京漂"，到长安后拜访前辈顾况，老先生就提醒他："米价方贵，居亦弗易。"及后看到了白居易"野火烧不尽，春风吹又生"后，不禁赞叹："道得个语，居即易矣。"意思是，能够写出这样的诗来，就不怕长安米贵，能在这大城市好好生活了。

白居易确实凭借自己的才华中了科举，可并没有"居易"。他二十九岁考中进士，三十二岁参加工作，是个从事案头工作的工作人员，一个月工资一万六千钱，这个工资水平只够白居易在长安郊区租几间茅屋。节衣缩食地存了点钱后，白居易才在长安城的"卫星城"买了一处宅子。但是宅子离单位太远，他只能过"候鸟"生活，工作日在单位凑合住，节假日再回渭南的家调节一下。

就这样坚持了三年，工作做得不错升了官，工资也跟着涨，终于租得起市里的房子了，不用跑来跑去做"候鸟"。后来外放了十几年，工资越来越高，终于攒够了钱，在五十岁的时候才在长安买下第一所房子。回首二十载艰辛租房史，不禁作诗感慨：

游宦京都二十春，贫中无处可安贫。
长羡蜗牛犹有舍，不如硕鼠解藏身。
且求容立锥头地，免似漂流木偶人。
但道吾庐心便足，敢辞湫隘与嚣尘。

可能会有人说白居易官做得小，工资低才买不起房。唐宋八大家之首的韩愈做的官可不小，资历也深，想来工资待遇比白居易高了不止一个层次吧，照样工作了三十年才买了一个小户型。有诗为证：

始我来京师，止携一束书。
辛勤三十年，以有此屋庐。
此屋岂为华，于我自有余。

宋代官员的俸禄在历朝历代算是优厚的，但是依然难以解决一大家子在京城的住房问题。著名的苏家三父子，爸爸苏洵做了十几年的官没能在京城置办上房子，还好当时实行官邸制，公家给解决住房，但是只有居住权没有所有权。苏辙和苏轼进京投奔父亲时，苏洵就让俩儿子借住在官邸。后来，俩儿媳妇也带着孩子来京城了，官邸实在住不下了才掏钱在外边租了一处宅院。

苏轼二十六岁开始当公务员，但是家庭压力太大，又经常做慈善，搞得自己一直没存到足够的钱买房。儿子在开封结婚也没有新房，最后借了朋友的房子才办了婚事。年龄大了以后想有个稳定的住所，钱还是不够，不得已找弟弟苏辙借钱买了第一套房子。

小弟苏辙虽然官做得比哥哥大，但是依然在开封买不上房。到了六七十岁，想想活了半辈子连个立足之地都没有，"我老未有宅，诸子以为言"，连儿子们都老是抱怨。苏辙一狠心，决定盖房，开封的房子买不起，就买远一点的吧，于是就在开封南边的许昌盖了套大房子。"平生未有三间屋，今岁初成百步廊"，有了房子当然很开心，但是想想自己为了房子耗尽毕生积蓄，又自责到"我老不自量"！

我们知道古人要想通过科举出仕就得寒窗苦读数十年，能支撑得起一个人不事生产专心读书，这得是啥家庭啊！很多人本身就是官二代甚至官三代，比如白居易，他爷爷和爸爸都当过县令；杜牧的爷爷当过宰相；柳宗元出身名门望族河东柳氏，母亲为范阳卢氏……

这些累世官宦家族一般在祖籍所在地都购置了大量土地，依靠庄子的收入生活。田庄的收入不菲，《红楼梦》中，乌进孝管着的宁国府几处田庄，一年的收入据贾珍估算至少有五千两。

虽然一些官员出身贫寒，但是为官的俸禄也足以养家糊口，即使买不起京城的房子土地，买家乡的田地还是绰绰有余的，宋人袁章就曾说："吾观今人宦游而归，鲜不买田。"

而且，为了防止家族式腐败，官员的父母和成年子女不得随任，只能在老家待着。只有个别有功之臣，年龄大了需要有子女在身边照顾，朝廷才会特批一个成年儿子随任。这种情况，即使在京城买得起房子，与家人分隔两地不能享受天伦之乐，一个人又有何趣味，不如回乡！

离任就得走人

对于退休官员的去向，历朝历代都鼓励返回原籍，甚至为了让官员退休回乡，制定了法律加以约束。有的官员在某地任职，感觉当地空气质量好、老百姓素质高、教育资源强，退休后想在当地继续生活。但从法律上来说是不可能的，从南宋开始就有明文规定，各级地方政府官员休官后，三年内不许在任职地居住，如果在当地有亲属，三年以后也不许居住，违反命令判处一年徒刑。这一招是为了防止外放官员在当地贪污腐败，形成自己的势力网，威胁中央对地方的管控，因行之有效为后世王朝沿袭！

明清两代，朝廷明令禁止所有官员在任职所在地买房，《明代律例汇编·万历问刑条例·任所置买田宅》："凡有司官吏，不得于见任处所置买田宅。违者笞五十，解任，田宅入官。"如果违反规定买了房，不仅屁股要挨上五十大板，还要开除公职，连买的房子也要没收。清朝对旗人有种种优待，但也禁止在任职地买房，并有旗人退休后归旗之令。

另外，古代有严格的户籍制度，皇家有玉牒，官吏有士籍，户口不是当了公务员就可以更改的。东汉名将张奂，掌管北方边境军事，并监察当地高官，东汉末年，叱咤风云的董卓在当时只是张奂的小弟。在打败侵略边境的游牧民族之后，朝廷赏赐他二十万钱，并奖励家中一人做官。张奂推掉所有的赏赐，只希望皇帝把自己的户口从敦煌渊泉迁到弘农。"旧制边人不得内移，唯奂因功特听，故始为弘农人焉。"

该放手时就放手

让退休官员返回原籍主要是为了防止官员离职以后继续干预政事。宋朝时期对文人实行宽松的管理方式，自仁宗朝至神宗朝，围绕两次变法，形成支持派和反对派两个派别，日常在朝堂争执。很多官员输了以后不回自己老家，而是聚集到西京洛阳，一时之间洛阳官僚云集，一些政见相同者打着以文会友的旗号形成政治小团体。比如以杜衍为首的"五老会"、李昉组织的"九老会"、文彦博组织的"同甲会"、司马光组织的"真率会"……

这些人致仕之前多是位高权重，门生故吏遍及朝野，虽然离开京师，但聚集在离开封不远的洛阳，密切关注朝中局势，一有机会就会逆风翻盘，搅动时局。比如宋神宗逝世后，以司马光为首的反对派迅速从洛阳各种"会"中物色了一帮人马，很快就把王安石的新法废除，其政治力量不能不引起统治者的忌惮。

后世朝廷吸取经验教训，除了皇帝信任的少数官员会被"赐第京师"以备皇帝咨询以外，其余致仕特别是因失去皇帝信任而"被"致仕的官员，可能原本还念着面子让你回乡当个富贵翁，但是如果赖在京城不走，就会引起皇帝更深的猜忌，随时会被翻旧账。

所以，"被致仕"的大臣也很识时务，比如明朝嘉靖时期的内阁首辅杨廷和，因为坚决反对嘉靖追赠生父为"皇"，招致皇帝的怨恨，杨廷和识趣地"累疏乞休"，皇帝一看挺懂事，"犹赐玺书，给舆廪邮护如例"，特别优待派公车送他回乡了。

可见古人退休后不是不想在京城住，实在是跟我们一样"住不起"，或者是"不敢住"。退休之后官邸还给朝廷，又在京城买不起房,即使买得起房,皇帝时不时地想起来问一句"××怎么还没走",可能就有大麻烦了。与其赖在京城当"黑户",还不如回家享受高屋广厦、天伦之乐!

历史上人们为何会改姓？

文：湘桥蓬蒿人

2019年9月21日，一百多名啜（chuài）氏人士齐聚辽宁沈阳，商讨将家谱合一的事情。全国仅有约五千人的"啜"姓登上各大网络媒体平台的热搜。虽说姓"啜"的人不多，但啜姓也并不是简单的单一源流。

张澍编纂的《姓氏寻源》中对啜姓就进行了记载，书中写道："当出折惟昌所部啜讹之后。"啜讹，党项族人，是折惟昌的部将，隶属于五代到北宋时世镇陕北的折家。这是啜姓的第一个源流。

除此之外，唐代突厥人的后裔也是啜姓的一个源流，在西突厥汗国时期，"啜"为突厥官职称谓和官署名称之一，在唐灭西突厥后，后代子孙也多有以"啜"为姓者。

据这次召开宗亲理事会的副理事长啜宪坤宣称，他们是明代建文帝朱允炆的后人，在靖难之役后避祸改姓为啜。

在中国古代，因为各种原因改姓的情况很多。

避祸改姓

提及避祸改姓，多少带有一些传奇色彩。的确，避祸改姓的传说多流于民间，很多时候没什么太好的办法验证真假。

三国时期曹魏大将张辽的家族就是避祸改姓。张辽，雁门马邑（今山西朔州）人，《三国志·张辽传》中提及："本聂壹之后，以避怨变姓。"聂壹这个名字虽然在历史上不显，却是赫赫有名的马邑之谋的发动者。

在马邑之谋中，聂壹以自身为饵，向匈奴单于诈降，以一名罪犯的首级谎称为马邑官员的头颅，引诱匈奴大军深入，尽管最后功败垂成，但聂壹的所作所为绝对把匈奴人得罪得不轻。

史书中没有明确记载聂壹的结局，但从《三国志》的记载来看，匈奴人很可能是聂氏最大的仇家，从聂壹这一代开始，他们就改姓为张。

比起张辽家族的故事，胡昌翼家族虽然少了一些史料佐证，但更富传奇性。

胡昌翼是明经胡氏的始祖，而据《考川明经胡氏宗谱》记载，胡昌翼正是唐昭宗李晔的儿子。

乾宁二年（895年），军阀韩建不满唐昭宗对河中节度使的任命，联合另外两个军阀王行瑜、李茂贞进逼长安并于次年在华州挟持了昭宗李晔。在此之后，又以诸王谋反之名大肆捕杀宗室子弟。

不久，朱温又借口岐兵威逼京畿，举兵西进抢夺唐昭宗。据胡氏宗谱所载，此时的何皇后身怀六甲，而昭宗李晔也感觉到了不对，为了避免皇室绝嗣，昭宗李晔在滞留陕州时将刚出生的儿子托付于徽州人士胡三公。

胡三公回到婺源后不久，昭宗李晔及诸子为蒋玄晖所害。而胡三公悉心抚养胡昌翼，之后胡昌翼于后唐庄宗同光年间中举，胡氏自此开枝散叶，逐渐成为当地的大族。

尽管史学界对此事存在争议和分歧，方志、族谱等对此事也记载不一，但由于年代久远，难以查证，我们也不能排除这件事的真实性。

在兵荒马乱的明末，明宗室子弟改姓的数量应该不在少数。

从崇祯年间农民起义到永历帝被吴三桂所杀的数十年里，经过农民军、清军的大举捕杀，朱氏一脉的近支宗室几乎绝嗣，即使有侥幸逃逸的近支子弟，也只能改名易姓。

后来的湘军名将周达武即出自近支吉王一脉，当时的吉藩宗室取"吉"为中，再加个框为"周"，一直传到他的儿子周家纯，在清帝退位后才复祖姓，改称朱剑凡。

除此之外，当时的一些书籍史料也记载了朱姓宗室的改姓情况：

改姓宗，《清稗类钞》载：清咸丰时有浙江会稽人宗涤楼，名稷辰，曾任御史，祖先本明皇族朱氏，国亡后改姓宗。

改姓李，《罪惟录》载：某皇族成员在明亡后逃到海宁诸生俞子久家，改姓埋名，叫李兰皋，后仍被清朝查出处死。

改姓王，《罪惟录》又载：有明宗室弟子，明亡后变姓名，改叫王杞人，"潜游豫粤之间，常题关壮缪祠壁《百字令》一阕，追论朝事"。

改姓曹，据华容《大旺厂朱氏族谱》记载：明朝末年，李自成扬言诛"紫阳之族",为避祸改姓曹氏。

看来,在中国古代,通过改姓躲避祸殃,也不算什么新鲜事。

避讳改姓

中国古代社会有为尊者讳的传统。古代因为避讳而改姓的人不在少数。南宋史学家郑樵的著作《通志·氏族略》中对这个现象也多有记录:席氏原姓籍,秦末为避楚霸王项籍之名而改姓席;严氏原姓庄,为避东汉明帝刘庄之名而改严;帅氏原姓师,为避晋景帝司马师之名而改帅。

除了有为避尊者讳改姓的以外,改字、改名的更是多如牛毛,这其中有迫于无奈的原因,也有讨好的意味在。

明朝嘉靖年间首辅张璁曾上书嘉靖皇帝,因为他和嘉靖皇帝朱厚熜名中有同音字,感到很是不安,请求嘉靖皇帝赐名,嘉靖皇帝对他的表现也非常满意,赐名"孚敬"以示嘉奖。

这种因避讳而改姓的现象贯穿整个封建时期,也成为中国姓氏分化的一大重要因素。

过继改姓

过继改姓应该占很大比重。晚唐以前,没有子嗣的人需要一个儿子来延续家族,早年的刘备在没有子嗣的情况下就收养了刘封(原名寇封)。

而到了晚唐五代，武人当道的时代，骄兵悍将层出不穷，各个军阀需要通过家族关系来维系军队关系，维护自身地位，因此他们开始了收养义子的热潮。这其中，最具代表性的就是晚唐大军阀，也是后唐庄宗李存勖的父亲李克用。

李克用有记载的义子就有九位，且多为英才，骁将李存孝、后唐皇帝李嗣源都是李克用的义子。后唐一代甚至出现了一个有趣的现象，后唐明宗李嗣源是后唐武帝李克用的义子，后唐末帝李从珂（本姓王）是李嗣源的义子。

在五代，过继来的义子同样拥有继承权，仅次于亲生子。被收为义子以后，也意味着与原来的家族割断了关系，不再奉祀原来的家族。后周太祖郭威早年收养外甥柴荣为义子，自此柴荣改称郭荣。郭荣登基为帝以后，并未恢复原姓柴，一直奉祀的也是郭家祖宗。

郭荣在位期间，封生父柴守礼为金紫光禄大夫、检校司空等名誉高官。但是，郭荣对生父一直是"以元舅礼之"，甚至为了避免见面以后，即便是郭荣亲父，也要行跪拜礼的尴尬，郭荣登基后一直到死也再未见过生父。

汉化改姓

韩愈曾在《原道》中说："孔子之作《春秋》也，诸侯用夷礼则夷之，进于中国则中国之。"自古以来，中原文明视文化认同更重于血统认同，两汉时期，匈奴、羌诸族仰慕中原先进文明，从汉魏年间开始，纷纷将姓氏改为汉姓。

前赵皇帝刘渊是冒顿单于的后裔，他出生于山西，自幼高度汉化，在洛阳为质期间曾受司马炎召见。而刘渊家族因为曾与汉朝联姻而以汉朝国姓刘为姓，当时的匈奴高层也是首推刘氏。

到了北魏孝文帝期间，这种改用汉姓的浪潮被孝文帝元宏的改革政策推向了顶峰。元宏汉化改革手段相当坚决，从文化、经济、政策上合力进行。

《魏书·咸阳王禧传》记载孝文帝元宏言："今欲断诸北语，一从正音。其年三十已上，习性已久，容不可猝革。三十已下，见在朝廷之人，语音不听仍旧；若有故为，当加降黜。"

除了禁绝鲜卑话以外，元宏还在政策上强制各个鲜卑姓改为汉姓，自此以后，除了据守六镇的"鲜卑穷亲戚"，中原鲜卑贵族在数十年内急速汉化，改用汉姓成了中原鲜卑人的主流。

这种改姓和改名也并不一定是汉化，在历史上某些时期，也曾出现过逆向改名。北周肇建之时，曾大举赐予朝臣鲜卑姓，唐高祖李渊的父亲李昞改称大野昞，隋文帝杨坚称普六茹坚等。

而在元代，赐蒙古名也流行一时，据《元史》载，元代君王曾赐"兀鲁忽讷特""忽鲁火孙""杨赛因不花"等蒙古名给汉人，一时间出现了诸如高塔失不花、贾塔剌浑等汉姓搭配蒙古名的独特组合。

由于北周和元代在历史上存在的时间并不长，这种逆向改姓和改名没有得到延续，也并非主流。从历史的沿袭来看，少数民族改姓汉姓相对来说更为主流。

赐姓

赐姓是古代皇帝常用来笼络臣子的手段。赐姓在古代对受赐的臣子来说是莫大的荣耀。隋代名将杨义臣（尉迟义臣）、唐初名臣李勣（徐世勣）和民族英雄朱成功（郑森）等都属于被赐国姓。

而国姓除了被赏赐于有功之臣，还被用于赏赐少数民族将领或者少数民族首领。唐武宗之时，黠戛斯可汗阿热自称李陵后人。唐武宗为了交好黠戛斯，将黠戛斯可汗以李阿热之名录入李唐宗谱，黠戛斯可汗自此成为名正言顺的李唐宗室。

这种赐姓在中晚唐相当常见，党项领袖拓跋思恭因为与黄巢交战有功被赐姓。另一边的沙陀老大朱邪赤心，作为沙陀三部落军使，镇压庞勋起义有功，拜单于大都护、振武军节度使，赐名李国昌，归入唐代郑王谱系。

这种赐姓加强了少数民族对于中央的归属感，朱邪赤心（李国昌）的后人也以李唐宗亲自居，在唐亡以后沿用旧有年号，与篡唐的朱温对峙，直到李国昌的孙子李存勖灭后梁前后，仍是以唐军自称，建立的政权也是以唐为国号。

除了赏赐国姓以外，赏赐其他姓氏和赏赐恶姓也同时存在。赏赐其他姓氏多见于明初对于蒙古族将领的赐姓，明初把都帖木儿被赐名吴允诚，伦都儿灰被赐名柴秉诚……

武则天执政时，对政敌赐恶姓的现象也有发生，最著名的莫过于起兵反抗其统治的越王李贞和其子琅琊王李冲，李贞父子兵败身死后，武则天为表厌恶，将其改姓为虺。

总之，在中国古代社会，一个姓氏的传承并不只是简单的血脉传承，也会因各种各样的原因而不断分化和统一，这才有了我们今天的百家姓氏。

古人种树的多种用途

文：苇杭

在植树这件事上，有人拿起铁锹身体力行地为祖国绿化做贡献，有人拿起手机在蚂蚁森林洒下一片绿荫。但无论方法如何，中国人绿化环保的意识越来越强，大家都认识到绿水青山就是金山银山。

中国地大物博，植被丰富，热爱大山大河的中国人从未停止过对每一株树苗的喜爱。

1915年，凌道扬和韩安、裴义理等林学家上书北洋政府农商部总长周自齐，希望以每年清明节为植树节，改善中国林业不兴的窘境。是年7月，经孙中山倡议，北洋政府定清明节为植树节，在政府和学校等机构中推广并号召植树。于是中国正式有了"植树节"这个节日，但此后渐渐流于形式，成为清明的一个附庸。

1929年，国民政府将3月12日，即孙中山逝世那一天，定为植树节，以此来纪念孙中山，此后的植树节一直沿用这个日期。

到1979年，在邓小平的提议下，第五届全国人大常委会第六次会议决定，每年3月12日为中国植树节。

虽然植树节的历史在中国不过短短百余年，但植树的历史和传统可就悠久得多了。中国探测器登月都不忘带点种子上去，种菜种树的习惯那是东西南北相当有名。

那么，中国人为什么爱种树呢？除了今天的环保诉求，还有其他原因吗？

吃饱穿暖是基础

看过《神雕侠侣》的同学们想必对裘千尺印象深刻，她掉落深谷中，外出无望，完全靠一棵枣树存活。虽说是小说，有些夸张，但也说明种树对古人的衣食的确很重要。

朱熹写道："五亩之宅，一夫所受，二亩半在田，二亩半在邑。田中不得有木，恐妨五谷，故于墙下植桑，以供蚕事。五十始衰，非帛不暖；未五十者不得衣也。"

他明确提出要在种田的同时栽树，这里他提到的是桑树，要利用桑树来养蚕，纺织衣物。《汉书》中也提到要"辨其土地川泽丘陵衍沃原隰之宜，教民种树畜养"。这都说明种树和耕田一样，能够维持生计。

皇帝们也知道桑麻的重要性，往往下诏鼓励民间多种植。

秦始皇的焚书令中，专门提到"种树"之书（种与树都是动词，下同）不在其列。

汉文帝"诏书数下，岁劝民种树"，景帝甚至表示"朕亲耕，后亲桑……为天下先"。

唐代皇帝更是多次颁布限期植树令，督促大唐帝国绿化建设。

就连一度想用南方汉地放马的蒙古人，在忽必烈时期也下令"每丁岁种桑枣二十株。土性不宜者，听种榆柳等，其数亦如之。种杂果者，每丁十株，皆以生成为数，愿多种者听"。这些树木是在庄稼产出之外的重要补充。

不仅如此，种树还可能发财，并且可以用来作为财产传家。司马迁在《史记》中就提到，那些有"山居千章之材。安邑千树枣；燕、秦千树栗；蜀、汉、江陵千树橘；淮北、常山已南，河、济之间千树萩；陈、夏千亩漆；齐、鲁千亩桑麻；渭川千亩竹"这种大规模树木财产的人，堪称"素封"，虽然没有朝廷的封爵，但是他们的富有能够与王侯比肩。而诸葛亮死前上表，留给自己子孙后代的遗产就是"桑八百株，薄田十五顷"，可见桑与田都是足以作为子孙维持生活的财产的。因此，种树这种经济行为有着庙堂与民间的双重动力。

绿枝掩映行道树

行道树估计是目前城市中最常见的树木了，甚至很多城市专门有自己的"市树"，如南京就和梧桐结下了不解之缘。在1929年迎回孙中山先生灵柩时，南京修建中山路，陆续栽种了2万余株法国梧桐。1953年，南京又掀起种树热潮，梧桐树总数一度高达10万株，绿树成荫，气势磅礴。

其实行道树在中国也有着悠久的历史。早在两周时期，就需要

"列树以表道"，在郊野大路的两侧种植行道树，来标明道路的延伸方向。这不仅仅是一个工程问题，更是周人所崇尚的礼仪问题。陈国的道旁没有种树，就被斥责为"废先王之教"，这是相当严重的批评了。

到了大一统的秦王朝，为解决北部边疆问题，大修驰道，堑山堙谷，直抵前线。而这样庞大的道路工程，对于种树也有详细的要求。《汉书》记录道："道广五十步，三丈而树，厚筑其外，隐以金椎，树以青松。"可见，在司马迁那个年代，秦代的驰道上仍然每隔三丈就有一棵青松，标记着秦人的规矩和雄心。

两汉魏晋南北朝以来，行道树种类增加，不限于松树，杨、柳、榆、槐皆有之，范围亦更加宽广，不仅限于秦时的国家高速公路，所谓"自长安至于诸州，皆夹路树槐柳"。

堪与秦驰道比肩的重大工程，当属隋代开凿的大运河，但鲜为人知的是，隋炀帝同时在大运河的边上修建了御道。有了御道，同样要有行道树，杨广采取的办法是号召百姓一起种树，他下旨有能种柳一棵者，赏绢一匹。作为大运河的配套工程，如此重赏之下，种树蔚然成风。而这样的"壮举"，也真当得起"富莫如隋"四个字。只可惜国富而民未必，千里柳岸树起不久，大隋王朝轰然倒塌。

明清时期还出台了专门保护行道树的政策。对于行道树必须妥善保护，不能损伤或者砍伐作为薪材，"无论官民，倘有不遵，并加以治罪"。并且清廷加给地方官吏稽查破坏绿化行为的责任，将行道树保护也作为他们的工作内容之一，若有问题，也要从重治罪。

军事布防绿长城

古代种树还有一个今人不太能够想到的作用，就是作为军事屏障。可能这一点不太好理解，种了树难道就能阻止敌人进攻了吗？

其实战国时期的函谷关就是一个例子。函谷关虽然是天险，但毕竟只是一处关隘。在地图上，秦国与山东六国有着漫长的边界，为何六国军队从东方进攻非从此处不可呢？这里自然有黄河、崤山等阻隔，但森林也是一个重要因素。彼时的函谷关附近有着茂密的森林，而这样的地形并不适宜大规模行军，因此，凡是大型军事行动，往往被逼到少数几条路上，所以，这些道路上的关隘地位也随之得到了提升。

但是人在森林里前进受到的限制往往并不大。秦汉以来，用树来限制的目标很明确，就是北方草原民族的骑兵部队。

在蒙恬受命北御匈奴的时候，他就创造性地"以河为境，累石为城，树榆为塞"，也就是在黄河一带构筑城塞，同时在外面栽种大量的榆树，由此构成了另一层关塞。这一行动的奥妙在于极大地限制了匈奴骑马进攻的机动性，让他们到此不得不下马步行，而失去了马的协助，匈奴在秦军面前就变得脆弱，易于击溃。在这样一道榆林关的帮助下，最终达到了"匈奴不敢饮马于河"的效果。

这样好的效果自然也被后世所沿用。到了汉代，朝廷与匈奴矛盾更加激化，于是在这条秦人所建的军事绿化带基础上进一步经营，"广长榆，开朔方，匈奴折伤"。也就是说，汉人增种了更多的榆树，形成了更加宽广的防御林带，给了匈奴更加严重的打击。

到了南北朝，中原逐渐进入骑兵为王的时代。南方的政权往往也是依靠河流与树林来抵御北方横冲直撞的具装骑兵部队。甚至在北方内部，一个政权自认骑兵实力不如对方的，也会在冬天凿开河冰，在平时种植树林，以防止对方骑兵长驱直入。最有意思的是还会发生种树与砍树的竞赛，往往这边刚刚种好的树苗，过两天就被对面砍个一干二净，简直比光头强还要执着。

今有三北防护林，那是防止戈壁沙漠扩张，防止风沙南侵的。而宋代，北方也感受到了前所未有的压力，修建了恢宏的防护林，既有榆树，也有柳树，仅黄河以北沿边官地就"数逾三百万"，以防备强大北族南下牧马。后人夸赞曰：

> 昔人多种榆，今人惟种柳。坚脆虽不同，气尽同一朽。此地名榆林，自汉相传旧。

除了对外防御，一些界线划定也往往通过种树的方式。如清代为保护"龙兴之地"，在东北设立"柳条边"，栽种树木以为边界。而左宗棠率军西进，收复新疆之前，沿途六百余里栽种柳树，罗家伦言：

> 当年是匈奴右臂，将来便是欧亚孔道。经营趁早，经营趁早，莫让碧眼儿射西域盘雕。

"左公柳"或许也可以看作一种宣示主权的表现，但这同时改善了西北地区戈壁荒漠的恶劣环境，时至今日其名仍扬。

苍松翠柏守幽室

此外，另一个常见的种树场所就是陵墓。可能是为取松柏常青之意，也可能是为经营一个好风水以利子孙，宏伟的陵墓总是离不开高大的树木。

朱熹就是如此，他在婺源文公山祖墓种植杉树24株以做风水林，至今尚存16株。秦汉以来，直至明清，此风气没有什么大的变化。清东陵十多里长的神道上，种树竟达43 660株，称作"仪树"。整个清东陵有仪树20余万，各种其他树木近千万，佳木秀而繁阴，诚此谓也。同样的，唐代诸帝陵、南京明孝陵、北京十三陵也都种植有大面积的风水林。

而被称作中华文明始祖的黄帝，在人们为他修建的"桥陵"中，也有大量的植树记录。1938年普查逾6万株，仅仅时隔50年，到1988年就增至8万余株。苍松翠柏，寄托着华夏儿女的美好祝愿。

封建帝王希望以风水保持自己帝祚绵长，而辛亥之后，这种庞大的林木系统不仅体现了宏大的气度，还能够营造出一种神圣而静谧的氛围，凡临穴者，不敢高声喧哗，只能肃穆噤声，缅怀先人。去过南京中山陵的人们可能有这种体会，在灵堂前，山坡下时，抬头看两边路旁通天的雪松，就算是以旅游的心态前来，也不由得满怀崇敬。

时至今日，依然有人会在先人的陵前植树，寄托哀思。或许原本将植树节定在清明，也与这样的传统有关。

防沙固土保环境

当然，古人也早早就有了环保的意识。虽然朴素，但是非常坚定。孟子就说要"斧斤以时入山林"。《汉书》中更直接指出"斩伐林木，无有时禁，水旱之灾，未必不由此也"，明确提出水旱灾害与乱砍滥伐有联系。

　　清代华州为了避免周边河流河道淤积，明确要求严格执行山禁，不许砍伐林木开垦农田，以减少水土流失，进而防止洪水泛滥；而西乡县知县张廷槐广种树木，防止水患，这都说明人们已经明确认识到树木与自然灾害之间的关系，多植树能够减少水土流失。于是大商贾遇霖虽以木业起家，但发迹后买下山间数百亩土地，种为森林，为所居村庄解决洪水问题，村人为之刻石颂德。

　　今天的人们更加知道植树造林对于改善环境的重要性，也知道环境的改善对于提高生活质量的意义。古人种树或有各种各样的意图，但客观上都改善了环境，调节了水土。而在科技更加发达的今天，种树的方法也变得更加多种多样。就算不能拿起铁锹，也不妨到蚂蚁森林里看看，数数自己在库布齐沙漠又贡献了多少。

古代房产经纪人的运作规则

文：潘雨晨

经纪人这个职业是如何产生的？古代也有房地产经纪人吗？他们也要带客户看房、推销、签订合同吗？

经纪人的源流：从驵侩到牙人

经纪人，指介绍买卖双方进行交易，并从中获取佣金的人，因此，经纪人与商人不同，他们没有资本，通过收取佣金过活。

子夏的弟子段干木很可能是第一个有记载的经纪人。《吕氏春秋·尊师》记载："段干木，晋国之大驵也，学于子夏。"驵（zù），本意是骏马、良马，引申为从事马匹交易的专业经纪人。从先秦开始，经纪人被称呼为驵（zǎng），可见最早的经纪人很可能从事的是马匹一类大型牲口的交易中介活动。

先秦时代，马是重要的生产生活资料与军事装备，马的产地主要在北方游牧民族活动区，远离中原，马的品质需要从牙口、产地、负载等多方面考量，这需要极为深厚的专业知识，而这类马匹经纪人往往为国君所重用，伯乐、九方皋、段干木、王良这些以相马为名的早期经纪人以"驵"的形式被记录在历史中。

随着商品经济的发展，汉朝时，经纪人也出现在了除马匹以外的社会多方面交易中，也是从汉代开始，驵与侩并称，专指经纪人。《史记·货殖列传》记载："子贷金钱千贯，节驵会。"这里的"会"同侩（kuài），颜师古为其作注，解释为"侩者，合会二家交易者也。驵者，其首率也"。驵侩也就成为撮合买卖成交从中获利的人的代称，侩的使用频率也越来越高。《后汉书·逸民传》中记载了王君公侩牛自隐，即做了牛类交易的经纪人。

晋朝对服饰有着严格的制度，律令规定："侩卖者，皆当着巾，白帖额，题所侩卖者及姓名，一足着白履，一足着黑履。"也就是说，晋朝的经纪人要将自己从事的经纪行业和姓名明白地告诉周围人，并且要穿黑白两色的鞋各一只。也正是在这一时期，侩逐渐代替了驵，成为经纪人的专指，东晋《搜神记》中有杨伯雍种玉蓝田的传奇故事，而杨伯雍"本以侩卖为业"。也许由于连年战乱，魏晋南北朝关于驵侩的记载越来越少，而当职业经纪人再次出现在人们视野中时，他们已经有了新的称呼：牙人。

隋唐结束了大分裂的乱世，迎来了盛唐的繁荣，经济再次发展，而经纪人也再现活力。但经纪人的称呼从驵侩到牙人的变化，已经颇不可考，有一种说法认为经纪人称互郎，即交互沟通、交互买卖的意思，但唐人书写时将"互"写为"㸦"（hù），由此开始讹传为牙，一直沿用下来。

"以伢传牙"这种说法尚无定论，但唐代经济的繁荣确实使经纪人行业见著史书，而其中最有名的经纪人便是安禄山和史思明。《旧唐书》记载："（安禄山）解六蕃语，为互市牙郎……（史思明）又解六蕃语，与禄山同为互市郎。"可见，二人很可能也是在边境从事马匹交易的经纪人，后来通过语言优势从经纪人转变为职业军人，挑起安史之乱，使唐王朝由盛而衰。

宋朝：房地产经纪人的春天

宋朝是封建社会经济高度繁荣的时代，国家的政策调整使商业发展迅速超过了前代，牙人群体数量也大幅度增加，成了活跃市场不可或缺的重要因素，如粮行米行有米牙，寻找人力有人牙……而房屋庄宅的交易也有专门牙人负责。

现今的房地产经纪人害怕没客户、没房源、没业绩，但如果他们生活在宋朝就完全不用担心了，因为宋代政府规定，买卖房屋必须有牙人介入和见证，不然就是非法交易，出现经济纠纷政府不予受理。《宋刑统》卷一三明文写道："田宅交易，须凭牙保，违者准盗论。"也就是说，买卖房宅和土地，必须由负责房屋交易的牙人经手，否则就依惩治盗贼的相关法律处理。为什么宋代政府有这样的规定呢？因为政府可以通过牙人的经手收取契税。

征收契税早已有之，东晋以来，历朝历代都会征收契税，税率不定，在百分之四上下浮动，一般卖者出三，买者出一。两宋时期，出于应对辽、夏、金的战争需要，政府需要扩大税源，自然不会放过房地产契税，牙人在场办理，自然缴纳相应契税。牙人作为房地产交易的经纪人，除了可以帮政府征税外，还可以为民事纠纷提供证词和证人。宋代《名公书判清明集》记录了这样一个案件：

房屋业主王益之将房产典卖给徐克俭，继而又典卖给舒元琇，两个买者起了冲突。徐氏家中有房契，官府本以为是伪造的，但上面有牙人王安然的见证，追问到牙人王安然，确有其事，房契不假。官府提审王益之，经查原来王益之欠了一个名叫王规的人酒钱，经过高利贷层层加码，偿还不起的王益之写下典契，把房屋卖给王规，舒元琇是王规的假名。在这次交易中，有另一个牙人陈思聪在场，陈在明知房屋已经典卖的情况下认可了这项交易。由此，此案真相大白，依据房契和牙人王安然的证词，房屋判给徐氏；王益之犯重迭典卖罪，杖一百，牙人陈思聪知情不报，同罪，杖一百；王规与王益之订立的典契抹消。

通过这个案例，我们就能看出房地产经纪人的重要性。如果该案属于私下交易，没有牙人在场，属于没有缴纳契税，官府不予受理；牙人在场又有买卖证据，房屋归属很好判决，同时，另一个牙人存在知情不报、默许非法交易的情况，也受到了处罚。

牙人在房地产交易中的重要性，使得政府有意识地将其专业化，纳入管理体系当中，使牙人承担了商业控制的社会职能。比如，今天房地产经纪人在面对客户时要首先说明自己的姓名、所属公司、专业的学识背景以换取客户的信任，宋朝的牙人也是一样的。宋人李元弼的《作邑自箴》记载："（牙人）须召壮保三两名，及递相结保，籍定姓名，各给木牌子，随身别之，年七十已（以）上者，不得充。仍出榜晓示客旅知委。"进行交易时，"止可令系籍有牌子牙人交易"。担任牙人要有人担保，出事则"连坐"，牙人还有年龄限制，政府登记批准后，颁发类似营业许可的身份木牌，牌上写明姓名、籍贯、从事行业，如果有交易情况出现，要先将木牌内容进行说明。

不晚于宋代，房地产交易还有一个鲜明的特征，延续久远，即先问亲邻制度。《宋刑统》规定："一应典、卖、倚当物业，先问房亲，房亲不要，次问四邻，四邻不要，他人并得交易。房亲着价不尽，亦任就得价高处交易。如业主、牙人等欺罔邻亲，契帖内虚抬价钱，及邻亲妄有遮吝者，并据所欺钱数与情状轻重，酌量科断。"宋代在进行房地产交易时，首先要询问亲属，亲属没有购买意愿再依次询问房宅的四邻，如果亲属和邻居都正式确认不要后，最后才是一般的购买者，在这一过程中，业主、经纪人以及邻里绝不能有欺诈行为。这一规定到南宋逐渐宽松，从问"亲、邻"到问"亲且邻"，对房屋买卖的限制减少，但程序还是要走。

先问亲邻制度在如今城市里的房地产交易中看来是不可思议的，没有人在卖房时询问邻居。但古代中国是宗族社会，人们通过血缘关系辨别亲疏，在同姓之人构成的村镇中，先问亲属还是很有必要的。中国古代是农业社会，农业生产需要稳定性，而宗族就是构成稳定的重要因素。田宅的流失也是宗族财产的流失，为了维护宗族的利益，不可避免地要先问亲邻，这与我们今天的房地产经纪人带领客户看房很不相同。

明清：房产经纪人的操作与弊端

明清时期，贸易越发频繁，晋商、徽商等商帮团体出现，政府将牙人所在的牙行进行规范化管理，并进行监督，牙人有政府背景，地位的提升使得越来越多的人投入到这项工作中。从事房地产的牙人称为"房牙",而房牙往往要接受监督,协助政府征收契税,出现了越来越多的"官房牙"。

房牙在业务操作上也延续了唐宋以来的行业操作规范。钤盖红色官印纳税的契约称之为"红契",与之相对,民间私下订立,不投税的契约称之为"白契",不受法律保护且治罪。一张房契要注明买卖双方姓名、房屋坐落、房屋四至、产权情况、阴沟、暗道、水源、地税、是否一次性付款等详细项目,同时,要有房牙和德高望重的中保人在场署名,房牙保证交易的合法性,给予买主官方契纸,卖方将金额填入其中,中保人能起到震慑买卖双方、维护卖主处于平等地位的作用。房屋售卖属于双方两相情愿,无外人强加干涉,房屋出卖后,卖主对于房屋的一切更改概不过问,执笔人声明与买卖双方并无交涉,契约订立,永不反悔。

在这一系列房地产交易操作中,房契书写格式经过历朝历代的沉淀,相当成熟规范。买卖双方除了交付契税以外,还有官方契纸的契纸钱、盖印的头子钱等杂七杂八的税款。房契签订后,房牙与买卖双方到官府盖印,以示合法性。至此,房牙对于这宗交易的责任就算完成。

政府对房牙进行管理后,其职责也更加细化。不同于旧时浪迹天涯进行交易的房牙,明清时期,房牙被政府划定了固定的活动区域,这便于房牙们敏感捕捉、掌握房源信息,同时避免出现房牙过多导致不必要的竞争局面,也有利于官府追责。房牙依托划定区域,与当地人结成错综复杂的人情关系网,了解居民情况,有助于业务展开。对于辖区内未经房牙见证,私下订立的"白契",房牙负有清查职责,一旦核实"白契",房牙可获得政府支付的一定佣金,未查实到的

"白契"一经发现，房牙也要承担一定责任。房牙的工作一般是终身性的，也不排除兼职的可能。房牙年老卸任后，还可以通过丰富的房地产交易经验充当中保人与说合人，继续在行业内发挥余热。

房牙因对房地产事务熟稔，不可避免地会出现操作弊端和欺诈现象，政府也很难阻止房牙以权谋私。一般来说，房牙最简单的欺诈手段就是抬高契纸钱。房牙每年都要到官府领取新契纸，契纸钱八成归公，二成归房牙所有，而房牙往往抬高契纸钱价格向民间出售，即使法令严苛，也难以杜绝。高级一点的房牙不会使用这样简单粗暴的方式，而是暗中降低交易额。契税征收税率固定，其多寡要由成交价格决定，民间订立"白契"，往往就是暗减房价，规避高昂的契税。房牙本应该亲自丈量房宅，保证房价如实填写，但收受贿赂的房牙会故意低估房价，主动帮助买卖双方逃税，使得政府税收大为减少。有的房牙对民间"白契"不进行核查，不按期向上汇报交易情况，以致民间逃税越发严重：典质的房屋可以不纳税，民间房屋买卖往往以典质为名；同样，低于一定额度的契可以不纳税，民间往往将一份契拆成七八份。更有甚者，房牙伙同买卖双方雕刻假印，反复漏税，造成地方管理混乱。

民国时期：面对西化潮流的挑战

晚清民国之际，社会经历了翻天覆地的变迁，人们的衣着、思想、生活方式逐渐西化，房牙们也面临着新的挑战。

中国古代处于封建父权社会下，女性很难拥有对财产的处置权，女性单独签订房契的情况几乎不存在，即使用母亲的身份也要附带儿子，并在全族人的见证下才能订立契约。随着民国的建立，平等思想的传播，女性的地位逐步得到提升，房牙们经手的一张张民国房契中，女性售卖房产的情况越来越多。此外，民国的民法赋予女儿和儿子相同的继承权，因此，女性也可以参与家庭财产的处理，甚至有些房契还写有姊妹拥有房屋的优先购买权。这些变化促使房牙对几百年里约定俗成的房契格式进行修改，增加更多的项目，也见证着女性参与房地产买卖的情况。

除了女性享有与男性同等的财产权外，律师行业的兴起也冲击着房牙。律师在中国古代称为讼师、状师，以刀笔见长，善于写状纸为打官司的人出主意，因此历朝历代，讼师都被统治者视为不稳定因素而遭到镇压，因此，即使讼师参与了房地产交易，也不能在房契上署名。1912年，民国政府公布实施了《律师暂行章程》，引进了西方的法律制度，逐渐为民众所接受，律师也从地下走向台前，用法律维护买卖双方的合法权益，震慑房牙的不轨行为。继女性之后，房牙的契纸上也为律师增加了署名的地方。

正名：正视几经沉浮的古老行业

以房牙为代表的经纪人行业可以说是中国最古老的行业之一，它曾经辉煌出入于君主殿堂，协商于坊间巷尾，逐利奔波于大江南北，今天仍然在各个行业生生不息。但是不论古代还是现代，经纪人们背负了不少骂名。

古时称不良经纪人为驵棍，称欺诈现象为驵诈；侩本指撮合买卖的经纪人，但后来逐渐发展成了"市侩"这一贬义词，用来形容经纪人唯利是图。"车船店脚牙，无罪也该杀"的俗语更是要了经纪人的命，在不知罪名的情况下被宣布了死刑。改革开放前后，很多中国人改变不了思维定式，将经纪人称为"掮客""倒爷""二道贩子""炒家"等，而其中介行为被称为"买空卖空""投机倒把"。

实际上，人们并不是痛恨经纪人，而是痛恨经纪人行业中的不良经纪，他们往往利用信息不对称，向买卖双方两头欺瞒，攫取高额利润。同时，一些经纪人拥有政府赋予的一定权力，便对民众进行压榨和恐吓。中国自古以来都是农业社会，长期重农抑商的统治政策使人们形成了思维定式，凡是不进行农业生产和读书做官的人，就是无业游民，诸如"车船店脚牙"这些考验人性的行业，总是通过让人们生活不便而获利。确实，旧社会中的牙人有让人深恶痛绝的一面，但也有污名化的情况，比如人贩子也被归入经纪人行列，被称为"人牙子"，由此，人们便否定了牙人这一行业。

健康的社会运转离不开经纪人，经纪人也是市场经济的必然产物。所谓"三百六十行，行行出状元"，精通专业知识，并为买卖双方着想，能禁受得住利益诱惑又能遵守行业规则的经纪人，是人们所欢迎的。

古人想"协议离婚"有多难?

文：啸吟

十三届全国人大三次会议表决通过的《中华人民共和国民法典》使"离婚冷静期"成为一个热议的话题。《民法典》规定："自婚姻登记机关收到离婚登记申请之日起三十日内，任何一方不愿意离婚的，可以向婚姻登记机关撤回离婚登记申请。"

今天，我们不谈当下的离婚制度，而是聚焦古代人的协议离婚。

众所周知，中国古代社会重礼教，崇夫权。提到离婚，大家首先联想到的是"休妻""离弃"等词。不过，看过《清平乐》的观众可能也会联想到"和离"，也就是一种允许夫妻通过协议自愿离婚的制度。

《清平乐》中的曹皇后是在与她那位一心修仙的前夫和离之后才和宋仁宗成婚的。而剧中的福康公主，也是因为与驸马婚姻失和，最终由驸马主动提出和离。

那么，这种协议离婚在古代到底可行吗？想要和离的夫妻最终是什么结果呢？

"七出"与"义绝"

想要了解和离，就需要先了解古代离婚的其他两种形式——"七出"和"义绝"。

"七出"是我们最常见的一种离婚形式，也就是我国古代为男子休妻规定的七种理由。

《大戴礼记·本命》记载："妇有七去，不顺父母去，无子去，淫去，妒去，有恶疾去，多言去，盗窃去。"

详细解释一下，就是作为妻子：

不孝顺公婆；

生不出儿子（妻五十岁以上无子，妻本身不育又不许夫纳妾）；

与人通奸；

心生妒忌，从思想、行为上不准丈夫纳妾；

有大的难以治疗的传染性疾病；

多言多语，喜好离间夫家的亲戚关系；

擅自动用家庭财产（妻子对家庭财产没有处理权）。

只要触犯其中任何一条，丈夫无须经官府同意也可以休妻。

我们不难看出，"七出"的理由无一不是从维护家族利益的角度提出的。

在"七出"之余,古代婚姻制度又规定了三种丈夫不得休妻的原则,保障了一些妇女的权益,这就是所谓"三不去"。即使妻子有"七出"的理由,符合任意一种"三不去"的条件,丈夫也不得将其休弃。

《大戴礼记·本命》记载:"有所取无所归,不去;与更三年丧,不去;前贫贱后富贵,不去。"意思就是,妻子无娘家可归、无所依附的,不能休;和丈夫一起为公婆服过三年丧的,不能休;结婚时夫家贫贱,曾与夫同甘共苦,后来富贵了的,不能休。

但是,如果犯了"七出"中"淫"和"恶疾"这两条,"三不去"就失效了。

《延禧宫略》中的傅恒以尔晴"淫、妒、多言"连犯"七出"中的三条为由提出休妻。这样的情况下,就算尔晴符合"三不去"也是可以被休弃的。

至于"义绝",则是一种官府强制干预婚姻的手段,指夫妻恩义断绝,强制离异,若不离,则徒一年。也就是如果不离婚,就会受到法律的惩罚。

唐律规定的"义绝"情事主要包括以下七种,触犯一条都属于"义绝"。

> 夫殴妻之祖父母、父母;
> 夫杀妻外祖父母、伯叔父母、兄弟、姑、姊妹;
> 夫妻之祖父母、父母、外祖父母、伯叔父母、兄弟、姑、姊妹自相杀;
> 妻殴詈夫之祖父母、父母;
> 妻杀伤夫外祖父母、伯叔父母、兄弟、姑、姊妹;

妻与夫之缌麻以上亲奸，夫与妻母奸；

妻欲害夫者。

义绝，名义上是夫妻的情义已绝，然而上述几种情况其实都是亲属间的互相侵犯或乱伦关系。说到底，义绝还是用来维护正常的家庭亲属关系，巩固伦常观念和家族秩序的。

那么，在这两种之后，还有一种离婚形式作为"七出"和"义绝"的补充，就是"和离"。"和离"是指双方感情不和，不发生冲突，商量着处理离婚问题。形式有些类似于现代婚姻法的协议离婚，但也不尽相同。

协议离婚溯源

和离制度在唐代才被写入法律，但最早提及和离的，应该是《周礼》。

《周礼·地官·媒氏》载："娶判妻入子者，皆书之。"宋代郑锷注："民有夫妻反目，至于仳离，已判而去，书之于版，记其离合之由也。"

虽然这时的表述不像后世的"和离"那么规范，但至少说明我国古代就承认一个事实："夫妻反目"，也就是情意不合、感情不好，可以离婚。

唐以前，夫妻协议离婚的情况还是不少的。

《史记》中就有一个非常出名的典故，叫作"晏子御者之妻"。春秋时期，晏子担任齐国之相，他的车夫为他驾车，趾高气扬。晏子车夫的妻子见状，认为晏子身高不满六尺，身为齐相，却很谦虚；她的丈夫身高八尺，做人家的车夫，还骄傲自满。所以她感到不满，"妾是以求去也"，要求和丈夫离婚。

还有一个朱买臣的故事，也与古代的和离有密切关系。

《汉书》记载，汉武帝时期的大臣朱买臣，原先是一个贫穷的读书人。他常常担着一捆柴，边走边高声诵读文章。他的妻子觉得难堪，就让他不要在路上高声吟诵。但朱买臣不理会，反而声音更大。他的妻子对此感到羞愧，又觉得丈夫一辈子就这样了，不可能富贵，所以想要离婚。朱买臣没办法留住她，就任由她离开了。

上述两例和离都是因为妻子对丈夫的现状感到不满。还有一些女方请求和离的情况是因为夫妻双方感情不好。比如《晋书·谢邈传》载，谢邈的妻子郗氏心怀妒忌，"邈先娶妾，郗氏怨怼，与邈书告绝"，因为丈夫娶妾而愤然想要离婚，还修了告绝书。

"一别两宽，各生欢喜"

到了唐代，和离的规定在法典中正式出现，为后世所沿袭。

《唐律·户婚》这样规定和离："诸犯义绝者离之。若夫妻不相安谐而和离者，不坐。"《唐律疏议》对此的解释是："若夫妻不相安谐，谓彼此情不相得，两愿离者，不坐。"

"和离"到底是什么意思呢？

对夫妻来说，"和离"就是在双方都不触犯"七出"之礼和"义绝"之义的情况下，单纯因为感情不和想要协议离婚。和离的"和"是指双方自愿放弃争斗，想要和和气气离婚。

清代还明确规定，和离之后，女方可以带走自己的嫁资。这也是在保护女方财产，客观上为男权社会中女性的婚姻权益提供了保障。

和离双方协商后，还要写和离书，也就是一种离婚文书。

现在大家非常熟悉的网络流行语"一别两宽，各生欢喜"，其实就是敦煌出土的唐代和离书——《放妻书》中的内容。

> 凡为夫妇之因，前世三生结缘，始配今生之夫妇。若结缘不合，比是怨家，故来相对……既以二心不同，难归一意，快会及诸亲，各还本道。愿妻娘子相离之后，重梳婵鬓，美妇娥眉，巧逞窈窕之姿，选聘高官之主。解怨释结，更莫相憎。一别两宽，各生欢喜。

这段话的大意就是，夫妻本应当恩深义重，和和美美。我们两人感情不和，应该是由于前世结怨，所以注定无法共同生活，那么不如就此分手。祝愿娘子与我和离之后，也能有个好归宿。

这份和离书看下来是不是还挺有人情味的？男方对矛盾闭口不提，只说没有缘分，最后还有对前妻的美好祝愿，可以说是好聚好散了。不过据考证，这封和离书不一定是具体某对夫妻的和离书，也有可能只是一篇和离书范文，给其他和离夫妻做参考使用。具体和离时是互相怨怼，还是互相祝福，我们也不得而知了。

和离书还需要夫妻双方签字或画押作为凭证，主要目的在于防止日后其中一方再婚时，另一方去惹麻烦。

不过，也不是所有不触犯"七出""义绝"的人都可以直接和离，在古代，对官员和宗室的和离通常都会有一些限制。

比如宋代，对于因婚姻不和谐而要求离婚的宗室夫妇要进行审察后才允许离婚。

宋代对宗室夫妇的和离由宗正司负责具体的审察工作。在规定期限内，宗正司审察后给出结果，决定是否准予宗室离婚。一旦正式离婚，皇帝赐予的相关财物一并由皇帝收回，再婚者也不赐嫁妆。

清代的规定更为严格。宋代对和离的限制仅在宗室小范围内，而清代则包括吏部在册的所有官员。

清代想要和离的官员要先在吏部削去封诰等荣誉称号，而不仅仅是宋代"赐予物给还"的物质损失。削去封诰之后，刑部要查明是否符合和离的条件，必须确定是夫妇不和而且双方自愿，否则不予离婚。此外，清代还设立了"受封之妇"被休离的救济程序。如果为官的丈夫是无理强行休离妻子，那些受封的妻子就可以直接向刑部报告，一旦查明就要照律治罪。这也算是为受封之妇提供婚姻保障。

和离难不难？

制度如此，那么和离实施得如何呢？

查看大部分的案例发现，男方主动要求和离是比较常见的现象。只要女方没有异议，一般都能成功。不过，虽然原因是感情不和，不少女子最后的结局还是直接被休回娘家，并没有修和离书。一般只要女方接受了这个结果，事情就到此结束。

女方主动要求和离的成功案例也有不少。比如，据宋代庞元英《谈薮·曹咏妻》所载："曹咏侍郎妻硕人厉氏，徐姚大族女，始嫁四明曹秀才，与夫不相得，仳离而归，乃适咏。"意思就是说，曹咏的妻子厉氏最开始嫁的是四明曹秀才，因为感情不和所以与其和离，最后改嫁曹咏。

但是，由女方提出的和离许多男方是不太愿意的，所以也就不愿出具和离书。

在这种情况下，女方唯一的做法就是求助官府裁断，而这些判决结果如何，和当地官员以及传统礼教的关系比较密切。

唐代有一位书生杨志坚，妻子阿王不想与其同过贫穷生活，于是"索书求离"，后请抚州刺史颜真卿判决其离婚，以求再嫁。颜真卿认为杨志坚有文才，阿王求离是愚昧的表现，所以颜真卿虽然同意了阿王的离婚诉求，却对她处以"决二十"的笞刑。同时，颜真卿还重赏其夫，赠布绢各二十匹、禄米二十石。

当然也有其他情况，比如《旧唐书·列女传》记载，刘寂的妻子夏侯碎金，她的父亲因病失明了，于是夏侯碎金就想要和离，回家侍奉她的父亲。夏侯碎金最后顺利和离，还受到表彰，被记入《列女传》。为什么呢？因为她的和离是为了尽孝，这也是符合传统礼教的表现。

还有一些女性求和离则直接被官府认定为诬告，并因此遭受刑罚。可见，除非男方同意，女方的和离请求实质上受到不少限制，很难顺利达成愿望。

通过上文也可看出，名义上建立在双方自愿基础之上的和离，在实际执行中并不能做到夫妻双方完全平等。女方协议离婚的诉求往往受到很大的限制，其中是否符合礼教的要求和男方家族的利益是影响和离结果的主要因素。

但是，在限制离婚的古代婚姻中，和离承认夫妻感情不和就可以协商离婚，还允许和离时女方带走所有嫁妆，从社会发展的角度来看，也有一定的积极意义。

想知道古人怎么说话，来趟河南就行

文：张鸿腾

提起河南话，你都知道哪些？这个问题如果问非河南籍人士的话，想必一定是"中"（读作"zhóng"），而且在语气上还要加个感叹号。

但是很少有人知道，这一个"中"字，背后有着深厚的历史渊源，且不说河南本身就处在中原大地，有一种说法（当然这一说法值得推敲）是，"中国"是河南人爱说"中"说出来的。从古至今，河南话的"中"就一直表示"行""可以"的意思。

那么，以"中"为最主要口语词的河南话，还保留了哪些古语元素呢？

作为官话：多数朝代的官方语言

河南话在今天属于中原官话。官话，以之为母语的人口最多、分布范围最广的汉语一级方言。顾名思义，"官话"源自古代对汉语官方标准语的称呼，周朝将其称为"雅言"，到了明清就已经称之为"官话"了。当今中国仅北方官话可以分为8种次方言：东北官话、胶辽官话、北京官话、冀鲁官话、中原官话、江淮官话、兰银官话、西南官话。千万不要以为河南话仅限于河南省之内，也许我们说得更准确一点，应该将其称为中原官话。

从地理分布来看，中原官话主要分布在河南、河北、陕西、山西、山东、江苏、安徽、甘肃、宁夏、青海、新疆等11个省区，以河南省、陕西关中、山东西南部为中心，分布在郑州、徐州、汉中、天水、海原、伊宁等385个市县，使用人口在1.7亿左右。

中原官话的形成与华夏民族的发展历史息息相关，炎黄击败了东夷后，在华北平原、汾河渭河平原的炎黄后裔逐渐融合成华夏族。商族人使用的语言是东夷语，流行于中原东部，也就是今天的鲁西南、冀南、豫北、皖北和徐州一带，商族语言后来逐渐与中原的夏族语言融合成今天中原官话的雏形——华夏语。华夏语以洛阳音为标准音，后来成为东周时期全国通用的雅言。最典型的是《诗经》，它就是以当时的洛阳音为标准写就的，孔子周游列国讲的也是雅言。到了魏晋南北朝时期，这种语音从洛阳传向北方和江左一带，南朝宋齐梁陈皆定都南京，当时的南京话便是沿用了洛阳话。到了隋炀帝时，他以洛阳为首都，把数万户富商巨贾迁至洛阳，推广以洛阳音为代表的正音和正语。唐时，洛阳话仍被看作汉民族共同语的基础。北宋时，中原音基本定型。今天，中国北方的一些官话与河南话有相似之处，这同样是因为历史上，北方官话区长期是以河南方言为标准来规范自己的语汇和语法系统的。

随着金人进入北京，河南话在北京的影响逐渐减少，金人的语言开始影响北京方言，但中原方言的影响扩大到了金人统治的大部分地区，元朝甚至出现了中原音"四海同音"的局面。直到元朝大都话崛起，汉民族共同语才渐渐与中原音分道扬镳。然而，一直到清代中叶前，各地私塾仍然在教中原雅音。我们今天熟悉的"以北京语音为标准音"的普通话，实际上到元代后才逐渐成为共同语，除了因元明清的首都都在北京之外，《西游记》、《红楼梦》、"三言二拍"等一批有强大影响力的文学作品也是以白话写成的，而这种白话基本以北京话为基础，这使北京话的影响力开始上升。中原雅音真正被取代已经是清中叶以后的事了。因此，在清中叶以前的几千年漫长历史中，中原音一直是标准音。

当然，各时期的中原音并非与今天的河南话相同或相近。《论语》中说："子所雅言，诗书执礼，皆雅言也。"（也就是说，孔子教书时使用的都是雅言。）到了嬴政时，嬴政是在赵国的邯郸长大，邯郸语言与风俗从古至今都是与豫北一带接近的，加之李斯（上蔡人）、吕不韦（濮阳人）都是河南人，因此秦王府盛行的是当时的豫北话，而民间是关中的秦语。后来李斯等人推行的语言、文字合流，就是以当时的河南话为基础的。

秦统一天下时，各国都有自己的方言，朝上讲的是周朝雅言，而民间则存在诸多方言，为了加强中央集权，李斯在秦始皇支持下推行了"书同文""车同轨""语同韵"和统一度量衡的政策。这样，全国语言文字渐次统一，而且由于当时秦朝的多数执政官是河南人，因此，河南话占据了上风。汉代，河南人许慎编写的《说文解字》让语言文字更加规范。然而，当时的河南话与今天的河南话截然不同，它更接近粤语，但也存在差异。

即便到了战乱时期，河南方言也是主导语言，但开始与其他地区的语音进行融合。东晋迁都建康（南京）后，洛阳话与中古吴语结合形成金陵雅音，这实际上是河南洛阳、开封话与当地方言的糅合。东晋名士谢安就以他的河南话为傲，《晋书·谢安传》对此有传神的记载，谢安有鼻炎，说河南话的时候鼻音有点重，士大夫名流也纷纷模仿。对当时的江东贵族来说，说一口标准的河南话是他们身份和地位的象征。而在北方，孝文帝迁都洛阳后，"断诸北语，一从正音"，这个正音就是以洛阳为中心的河南话。

隋唐时期，中州音韵为正调。唐承隋制，隋唐两朝国语都是洛阳"汉音"。隋文帝时，陆法言吸取了以前诸家韵书的长处，参照南北语言确定了一套规范语言为洛阳音，著就韵书《切韵》，共5卷，收1.15万余字，分193个韵部。唐代孙愐《唐韵》、宋代陈彭年《广韵》及其他韵书，均以《切韵》为基础修改演变而成。《切韵》被公认为上承古汉语，下启唐宋汉语，具有承先启后的作用。唐朝时，上朝不讲河南话甚至要被大臣们嘲笑。据传，武则天时期，依靠告密在朝廷当官的侯思止读书很少，一次他在朝堂上跟其他大臣讲话，说到"猪"字时，没有按当时标准音，即"洛阳读书音"读成"dyo（雕）"，却按都城长安的音读成"jyu（诛）"，闹了笑话，被大臣当场耻笑了一番。

当然，不是说古代的河南话就是今天的河南话，二者有很大区别，有人说宋朝的正音与广东话类似，其实也不然，两种方言的声调系统是不一样的：宋朝时的声调有8个，现在的广东话有9个声调，而且宋朝时的韵母发音比现在复杂。有学者考据，宋朝时重修《广韵》，声母有36个，还分清浊音，随着口音的演变，现在的广东话也不分清浊了。

作为词汇：保留了大量古汉语词语

众所周知，古代汉语中很多语音特点和词语至今保留在南方方言中，特别是在广东地区，但其实，河南话中也保留了很多古语词，而这些古语词的含义在今天已经很少为普通话所使用了。

"他做错了你就让他"这句话在普通话和河南话中的含义可谓是天壤之别，普通话中，这个"让"指的是"谦让"，意思是"他做错了你要宽容他"，但河南话中就不是这样了。《左传·僖公二十四年》中有这样一句话："寺人披请见，公使让之，且辞焉。"意思是寺人披请求进见，晋文公令人训斥他，并且拒绝接见。这里的"让"，作"斥责"解，在河南话中理解"他做错了你就让他"，其实就是"他做错了你就斥责他"。

下面再举几个古今同义或近义的河南话词语——

投：中，合。"说投"就是说中、言中，尤指占卜或预测言中。《广韵·侯韵》中写："投，合也。"《楚辞·大招》云："二八接舞，投诗赋只。"王逸注："投，合也。"唐代李白的《秋日炼药院镊白发赠元六兄林宗》："投分三十载，荣枯同所欢。"今河南许昌、驻马店等地仍然沿用，如：你说嘞还怪投嘞，和我见面的那个女孩就是比我大。

噫：表示惊叹等强烈感情冲动。《论语》里说到颜渊死了，孔子感叹："噫，天丧予！"《岳阳楼记》中有："噫！微斯人，吾谁与归？"在河南话中，这一感叹词仍然在使用。

醭：酒、醋及其他物因腐败或受潮后表面所生的白霉。《广韵》普木切，入屋滂。《玉篇·酉部》中写："醭，醋生白。"《集韵·屋韵》有云："醭，酒上白。"唐代白居易在《卧疾来早晚》中写道："酒瓮全生醭，歌筵半委尘。"今天河南方言里还常用这个词，如：哟，这馍放时间长了，都发醭了。

得：满足，舒服。《史记·管晏列传》记载："意气扬扬，甚自得也。"今天河南方言里这个词用得非常广泛。如：你过嘞还老得哩。在河南方言里还有一个很具有河南地域特色的词语"得劲"中的"得"也是这个意思。如：这酒喝着真得劲。

拌：丢弃（含有浪费可惜之意）。《广雅·释诂一》中写："拌，弃也。"《方言》卷十有云："楚凡挥弃物谓之拌。"今河南方言中仍然把丢弃事物称为"拌"，另外，好的东西还没有来得及享用就坏掉了而不得不丢弃也叫"拌"，含有可惜之意。如：好好嘞东西都拌了，可惜！

宋代之后：河南话为标准语的地位渐弱

宋代及之前的千余年间，河南话一直处在国家标准语的中心地位，为国家标准语"定音"，但从元代开始，随着国家政治中心迁往北京，北京音开始成为国家标准语音，但在北京音的推广过程中，遭遇了重重挑战，毕竟千余年来的正宗不是那么好替代的。

元代初，统治者试图将蒙古语定为国语，但在汉人口更多的条件下，这种当时被视为"外语"的语言实在难以推广，无论中央还是地方，官方还是民间，都难以行得通。统治者发现蒙古语难以定为国语后，又试图以大都（今北京）的汉语语音为标准音，学校要使用以大都语音为标准音的"天下通语"。对此，一些元代汉语典籍里有明确记载，如南宋陈鹄在《西塘集耆旧续闻》里说："乡音是处不同，惟京都天朝得其正。"即便如此，中原正音仍然十分流行，元朝文学家周德清在《中原音韵》说："欲正语言，必宗中原之音。"可见中原正音的影响力之大。

当然，如同元代统治者意图将首都之音定为标准音一样，明初统治者也是这样想的。洪武八年（1375年）出版的字典《洪武正韵》就以建康（今南京）话为标准的吴越发音作为统一标准。明代以前，中原地区由于战争等因素，其雅音影响至明朝前期的都城南京，官话遂以南京音为基础，南京话为当时汉语标准语。当时明太祖朱元璋鉴于唐宋音韵在长江以北多失正，命廷臣参考中原雅音正之，并由乐韶凤、宋濂等11人编撰官方韵书《洪武正韵》。从明朝开始直到清中叶以前，南京话（当然，这里所称的南京话不是现代南京话）一直都是官方语。明朝末年，意大利的传教士利马窦记录了当时的北京话。当时的北京话有大量入声字，没有zh、ch、sh等翘舌音，这说明当时的北京话不是如今的北京话或者普通话，而是中原官话，即以中原雅音为正音。永乐年间迁都北京，南京约40万人移居北京，占北京城人口一半，南京音成为当时北京音的基础，而南京话则通行于整个明朝，北京官话相对通行范围较小，地位较低。

到了清代，又和元代统治者一样，推广满语为国语，但也如同元代的那种情况——推广不开，而且由于满语是一种北方民族的语言，满人草原、丛林的原始生活以及满族短暂的历史文化局限了满语的成熟水平，至入关时满语仍旧是一种比较原始的语言，它的发音和语法都十分不成熟，词汇量更是少。因此，汉语官话成为国语。清代前期，南京话依然是标准语，直到雍正六年（1728年），正音馆开设，国家在福建、广东推行北京官话，规定不会说官话的读书人不许参加科举考试，这才开始推广以北京音为标准的北京官话，但即便是这种北京音，也融合了元时的旧北平话和南京话，并融入了一些满族语音要素。尽管正音馆收效甚微，但它为清末张之洞等人提出"官音统一天下语言"的思想和举措奠定了基础。

可以看出，在清中叶前期的中国，河南话一直是王朝的官话。尽管今天的河南话常被视为一种方言，但其上千年的正宗地位不容忽视。在长期的演化中，包括河南话在内的众多地方方言为现代汉语、普通话奠定了基础。

中原，一直都"中"！

古人的传统信仰

古人靠天吃饭,知识有限,为了生存下去,既要解决风调雨顺、五谷丰登的问题,还要确保身体健康、人丁兴旺、子孙繁衍,他们通过对节气物候的观察及长年生活经验总结,形成了一套天人合一的宇宙观和人生观。

《百家姓》为什么以"赵钱孙李"开头？

文：李言

　　提起《百家姓》，几乎人人都能背出它开头的几句："赵钱孙李，周吴郑王……"

　　说来有趣，《百家姓》版本众多，不少朝代都有编写。及至当代，我国每隔数年也会根据人口普查数据更新"新百家姓"。然而，无论怎么变更，我们最为耳熟能详的《百家姓》，还是那个从宋代就开始流传的古老版本。

　　这一版《百家姓》有什么特别之处呢？它的姓氏排序有怎样的依据？为什么它会如此广为流传，经久不衰呢？

宋代人的幼教课本

《百家姓》的"百"是个虚指。按照通行的今本《百家姓》，书里其实总共收录了504个姓氏。然而，我国实际上的姓氏数量要远远高于这个数字，仅常见于古代文献的姓氏就有几千个。

也许不少朋友都曾疑惑为什么自己的姓氏没有出现在《百家姓》当中，就连一些今日看来不算极其罕见的姓氏也不曾被收录其中，比如说，迟、付、承、楼、冒、展、苟……

事实上，此书是儿童的识字读本，而非一部以统揽中华所有姓氏为目的的统计文献。所以，比起全面辑录各种姓氏，它更多是要易学好记，通俗顺口。虽然今天看来略显粗疏，但是在短短的五百多字里，包括了当时的绝大多数姓氏，已经足够古人日用。

《百家姓》的作者不可考，不过学界普遍确定它诞生于北宋之初。

清人王相认为此书作者乃"宋初钱塘老儒"；明人李诩断言"必宋人所编也"；南宋学者王明清考证，其作者是"两浙钱氏有国时，小民所著"。这个"钱氏之国"，指的是五代十国时期都于杭州的吴越国。吴越国尊北宋为中原正朔，最终纳土归宋，和平地归并于宋朝。

《百家姓》的作者和他编录此书时的心路历程，我们已经不得而知，但是《百家姓》作为童蒙读物自宋开始的广泛流传却几乎是必然的。

宋代的学者空前重视儿童的启蒙教育，这和宋代的重文国策与社会风尚相关。从上到下，从皇帝到寒门学子，人人崇尚"以文化成天下"。

正如据传为宋真宗作的《劝学诗》所写："富家不用买良田，书中自有千钟粟。安居不用架高堂，书中自有黄金屋。娶妻莫恨无良媒，书中自有颜如玉。出门莫恨无人随，书中车马多如簇。男儿欲遂平生志，六经勤向窗前读。"

对于旧朝文人，北宋不计前嫌，唯才是举；对于原本难有出头之日的寒士，北宋又改革科举，提供机会。读书俨然成为一条最为光明的人生道路，这让天下读书人充满了信心和希望。

在这种情况下，"文教要从娃娃抓起"自然而然也就成为时人的共识。

宋代的"蒙学"，即童蒙教育非常繁荣。政府鼓励设学，而印刷术的发展又使书籍更易复印和传播，因此许多童蒙读物横空出世，又被大量复刻和传阅。

如今依然脍炙人口的《三字经》《千家诗》最初都成书于宋代，再加上出现时间更早的《千字文》，《百家姓》通常和它们同列，被合称为"三百千千"。在古时，它们可以说是影响最大且流传最广的幼教课本，属于儿童必修教材。

明人吕坤曾说："初入社学，八岁以下者，先读《三字经》，以习见闻；《百家姓》，以便日用。"

可见，《百家姓》是一本儿童实用手册，一本日用工具书，这也许就是它如此广为人知的原因之一。

《百家姓》姓氏排列之谜

因为全文基本由姓氏排列而成，所以《百家姓》的内容其实相当单调直白。这些没有意义的单字既不能形成丰富的含义，也不存在复杂的文理。然而，就在这没有任何文理的单字排列中，也传递着编者的思想观念，暗含着王朝更替之际风云变幻的历史，甚至根据一些学者的推断，可能还包含着复杂的政治意图。

这本《百家姓》的姓氏并不是按照人口或者常见程度排序的。根据南宋人王明清的《玉照新志》，百家姓的开篇诸姓顺序是这样来的：

> 如市井间所印百家姓，明清尝详考之，似是两浙钱氏有国时，小民所著。何则？其首云"赵钱孙李"，盖钱氏奉正朔，赵乃本朝国姓，所以钱次之，孙乃忠懿之正妃，又其次，则江南李氏。次句云"周吴郑王"，皆武肃而下后妃，无可疑者。

也就是说百家姓的起首八姓，"赵"为宋朝国姓，因而排于首位；"钱"为作者故国吴越之国姓，因而次之；"孙"为当时的吴越国王钱俶（忠懿王）正妃，所以位列其后；"李"则为南唐国姓；次句"周吴郑王"则都是吴越开国君主钱镠（武肃王）而下的后妃之姓。

被后世传为美谈的"陌上花开，可缓缓归也"即是这位吴越国主武肃王钱镠写给他夫人书信中的句子。吴越国从来奉中原政权为正统，而钱镠在临终前亦曾嘱托诸子，"子孙善事中国，勿以易姓废事大之礼"，这"事大"可谓是吴越一以贯之的国策。

钱镠之孙钱俶，即忠懿王，是吴越国末代国君。宋灭南汉后，南唐后主李煜对宋称臣，自称"江南国主"。而此后，钱俶同赵匡胤约定，协助宋军夹击"江南国主"。开宝八年（975年），南唐亡国，次年，钱俶入宋觐见。

即便吴越国一直以来对宋俯首称臣，且对于宋朝皇帝，钱俶也是毕恭毕敬，出钱出粮出兵力，可谓有求必应，百依百顺。然而，吴越国还是免不了要被宋吞并的命运。

赵匡胤在位之时，或许吴越国还能偏安一隅，钱俶还能做自己的安乐国君，然而赵光义已无法再忍受吴越国的独立存在。

虽然武力争夺暂时是没有的，但是心理的步步紧逼却叫人惶恐。

钱俶在宋的不断施压之下甚感忧惧，知道已经不能负隅顽抗，不如主动退让，于是他下令撤去境内所有御敌之制，"文轨大同，封疆无患"（《吴越备史》，补遗）。

当代有学者推测，《百家姓》的作者很有可能是钱俶之弟钱俨（字诚允）。

钱俨其人文思敏捷，好学而博闻，《吴越备史》即为其所著。假如《百家姓》作者真是他，那么在这王朝更替惶遽不已之际，其辑录百家姓，以"赵"为首，"钱"在其后，便相当好理解了。这既是奉赵宋为正朔，体现出恭顺与臣服，又是在暗暗提醒北宋勿忘君臣之恩义，力求"保俶"，希望宋廷能够善待吴越王钱俶与其旧臣。

钱俨很有可能为了自保而隐去了作者的身份，托名"钱塘老儒"。而这使得《百家姓》的成书过程与背后的政治意图被尽数掩埋于历史岁月之中。

不过说到底，上述这一切都是推测。

何况如今家喻户晓的《百家姓》只是作为童蒙识字读本通行于市，大概也早已无所谓当初的真相究竟如何了吧。

一直被改写，从未被超越

在儿童教育的历史上，《百家姓》堪称经典。

少有文明像中华文明一样会产生单凭姓氏的排列也能生成朗朗上口的韵文，并且被广泛传播，直到现代仍然为人津津乐道的童蒙读本。

更神奇的是，历朝历代费尽心思重修类似的姓氏读本，也从未能在影响力和传唱度上超越成书于北宋初年的这一版本。

因为成书于宋，自然以"赵"开头，后世的皇帝们怎么会买它的账呢？那当然是要重编的，国家改朝换代，百家姓也要改头换面。

明代的叫《皇明千家姓》，自然是要以"朱"开头：

朱奉天运，富有万方，
圣神文武，道合陶唐。
学弘周孔，统绍禹汤，
…………

清代的《御制百家姓》倒是并没有以皇室的"爱新觉罗"开头。为了稳定人心，体现自己对中华文化的推崇，便找来孔夫子孟夫子，以"孔""孟"开头，又继之以孔门弟子的姓：

孔师阙党，孟席齐梁，
高山詹仰，邹鲁荣昌，
…………

不过这些新编的百家姓即便被当朝统治者大力推广，依然没能超过宋初本的影响力。当代编制的《百家姓》则完全是在人口统计的基础上按照姓氏人数来排序，别无他意。

后世新编的这些百家姓或者千家姓，明明在姓氏辑录上更为完整，在音韵上也同样顺口，但就是没法更加家喻户晓。究其原因，固然因为宋初本已经被传唱了很久，先入为主，但也因为它自身具有无可取代的独特性。

在最初，《百家姓》应该是有歌谣的，它通篇和谐的音韵抓住了儿童识字的特点，变枯燥的单字为优美旋律，比如：

赵钱孙李周吴郑王冯陈褚卫
（平平平仄平平仄平平仄仄）
蒋沈韩杨朱秦尤许何吕施张
（仄仄平平平平平仄平仄平平）

但更重要的应该是因为它通俗易懂，要求极低，没有那么多附带的知识在其中。

虽然在仔细分析后，我们能从《百家姓》中看到一些政治历史色彩，但总体而言，它还是各种单字无意义的组合。对学习它的孩子们来说，只用识得这些单字的写法读音并记住即可，再加上它辑录的姓氏较少，都是生活里最常见的，因而非常容易学以致用。

纵观后世改编的姓氏类识字教材，已经不像《百家姓》那样纯粹，多多少少加入了各种历史常识、儒学知识、名物、伦理等内容。这样一来，百家姓就失去了自己的独特之处，还使学习变得更漫长且冗繁。若在识字认姓的同时还要理解文义和事理，那么为何不干脆去看《千字文》和《三字经》呢？

这样看来，也许《百家姓》内容的无意义倒是它最大的魅力所在。

从"百姓"到"万民"

在今天，我们用"百姓"指代平民大众。但在古时，"百姓"的含义有所不同。根据《辞海》解释，"百姓"含义有二，一为古代对贵族的总称，二为战国后对平民的通称。

《左传·隐公八年》记载："（鲁隐）公问族於众仲，众仲对曰：'天子建德，因生以赐姓。胙之土而命之氏。诸侯以字为谥，因以为族。官有世功，则有官族。邑亦如之。'"

这里严格区分了"姓"与"氏"。姓"因生"而得，由女姓始祖产生，区别血缘。氏则可以由所受之土、祖父之字、世袭之官、所居之旧邑等不同途径获得，彰显社会地位。

《诗经·小雅·天保》则有："群黎百姓。"郑玄注："百姓，百官族姓也。"而《国语·楚语下》又有："民之彻官百，王公之子弟之质能言能听彻其官者，而物赐之姓，以监其官，是为百姓。"此处的"姓"实际指的是世袭而来的"氏"。

这至少说明了两点：其一，在春秋时期已经逐渐出现"姓""氏"混用的现象。其二，当时只有具有一定社会地位的王孙贵族才可能拥有姓氏，"百姓"的古义实际上是"百官族姓"，"百官也，官有世功，受氏姓也"。而与此相对的，才是既无家室亦无姓氏的奴隶。

自春秋晚期以后，随着世袭贵族的衰落，土地私有的出现，阶级之间的界限也日渐模糊，"庶民"同"百姓"的差异越来越小，这才最终成了同义词。

奴隶社会的等级色彩不复存在，取而代之的是官方与平民的区分，是广大平民之"百姓"同皇家之"独姓"的区分。

比如唐代刘禹锡的《乌衣巷》："旧时王谢堂前燕，飞入寻常百姓家。"杜牧的《过骊山作》："削平天下实辛勤，却为道傍穷百姓。"元代方回《有感诗》："不如穷百姓，何谓求诸侯。"张养浩的《山坡羊·潼关怀古》："望西都，意踌躇，伤心秦汉经行处，宫阙万间都做了土。兴，百姓苦；亡，百姓苦。"

这里的"百姓"与我们今天理解的"百姓"含义大致无二。

在《百家姓》成书并广泛传播的宋代，正是商品经济与市井社会空前繁荣的时代，"百姓"不仅仅是平民，更是"市民"，是社会生活的主体。

因此，熟记这些常见姓氏是十分必要的，除了为阅读识字打下基础外，更能在日常生活中发挥重要作用，无论商业活动还是社会交往，都要与各家各姓的人打交道。这样看来，《百家姓》经久不衰也是理所当然的了。

端午节、屈原和粽子,谁更早出现?

文:李崇寒

对中国人来说,元宵节吃汤圆,端午节吃粽子,中秋节吃月饼,是再正常不过的庆祝传统节日的方式。过去祖先是这么吃的,到现在也没什么变化。只是三大节庆中,唯独端午节吃粽子多了层纪念屈原的含义,仿佛端午节、粽子就是为屈原而设,但实际上,以出现时间顺序排列的话,屈原位于最末端。

早在屈原出现之前,吃粽子和端午节即已存在,是"屈原"这个文化符号将粽子、赛龙舟、端午节等已有元素聚合在一起,为农历五月初五增添了新的含义,使其同其他古老的节日一样,沿袭千年,久盛不衰,如闻一多所言:

> 唯其中国人民愿意把他们这样一个重要的节日转让给屈原,

足见屈原的人格，在他们生活中，起着如何重大的作用。也唯其远在屈原死后，中国人民还要把他的名字，嵌进一个原来与他无关的节日里，才足见人民的生活里，是如何的不能缺少他。

以至在屈原死后几百年甚至几千年，人们只当端午节为屈原纪念日，而渐渐忘记了它的最初源头及演变过程……

不吉利的五月初五

其实，"端午"一词的出现及端午节的流行远比我们想象中要晚得多，因唐太宗的生日是八月初五，为了避讳，经大臣宋璟提议，以"端午"替代"端五"，因此，大量唐诗中才出现"端午"字眼。正是在唐代，端午节成为官方认可的法定节假日，休假一日，由皇帝带头进行君臣互赠礼物，以示庆贺。

在此之前，民间谈及农历五月初五这一特定节日时，通常直称或是以"仲夏端五"描述。"端"，初也，每月头一个逢"五"的日子，即"端五"，古代以十二地支配称十二个月，正月建寅，二月建卯，以此类推，至五月为午，"午""五"相通，自然而然地，"端五"演变成"端午"。

古人靠天吃饭，知识有限，为了生存下去，既要解决风调雨顺、五谷丰登的问题，还要确保身体健康、人丁兴旺、子孙繁衍，他们通过对节气物候的观察及长年生活经验总结，形成了一套天人合一的宇宙观和人生观，约定俗成地在特定时间进行民俗活动，适应周期性的时空转换，久而久之便形成了以历法、季节为核心的丰富多彩的节日文化，而作为特定节日的农历五月五日就是其中代表，其源头最早可追溯到远古时代，经夏商周三代发展，如涓涓之水，至"秦汉扩为河，唐宋纳百川而成湖海"。它的最终成形是各地风俗相互融合的结果，带有不同的地区特色，大致说来，北方起自五月是恶月，端午为驱邪避恶之日，南方起自越民族的龙图腾祭祀和龙舟竞渡。

在先秦人的精神世界里，五月与恶、毒、死紧密相关，从很早开始，这种观念便深刻于先民心中，因此产生了许多禁忌和辟邪措施，《礼记·月令》就规定，人们一定要在五月禁欲斋戒。因为五月不吉利，民间认为，官员五月到任的话，"至晚不迁"，直至免除官职也不会升迁；若是五月盖房子的话，主人会因此秃头。在这三十天中，以重五之日（五月五日）最为不吉，如果有人在这天出生，则"男害父，女害母"，不少父母狠心弃之不养。与屈原差不多同时代的孟尝君田文不幸出生在五月五日，被父亲田婴以"长与户齐，将不利其父母"（若长得和门一样高，会克死父母）为由抛弃，母亲偷偷将其养大并安排田文认父，气得田婴大发雷霆，奈何木已成舟，在儿子一番据理力争下，田婴无话可说。

为何古人对五月会有这样一种认识？以他们的经验而言，五月恰是蛇、蝎、蜂、蜮、蜈蚣五毒和蚊、蝇等毒虫的肆虐季，医疗条件有限的他们一旦因此受伤、发炎，生命就会有危险。加上天气转热，流行性传染病开始蔓延，饮食不小心，很容易得病，故五月五日最宜"蓄采众药以蠲除毒气"，恰逢五月药草效力最强，采药、用药，沐浴兰汤成为五月初五的必然习俗，目的在禳病驱邪，实质是展开卫生防疫工作。

粽子是什么时候出现的？

进入汉代以后，阴阳学说盛行，五月作为一年中日照时间最长的夏至所在的月份，被赋予新的解释含义，所谓"阴阳争，死生分"，从夏至这天开始，天地间阴阳发生转换，此后阴盛阳衰，对古人来说，这个时间点同"端五"一样重要。因为时间相近，有学者考证，两大节日习俗在魏晋南北朝时期实现合流，本为夏至节庆食物的粽子（古称"角黍"）融入端午习俗中，早在人们食粽祭屈原之前，古人就在夏至、端午一边吃着粽子，一边缅怀祖先和祈祷神灵护佑。

为什么这么说呢？众所周知，屈原是战国时期楚国人，如果粽子最初是为纪念他而出现的话，有关它的记载应当出现在战国末期或秦汉间，可至今在这段时期的史料中尚未发现相关线索，文献中较早提到关于端午节纪念屈原这一习俗的是东汉末应劭的《风俗通义》："五月五日以五彩丝系臂者，辟兵及鬼，令人不病温，亦因屈原。"

将系五彩丝习俗与屈原联系起来，全无粽子踪影。最早记载"角黍"的应为西晋周处（久居中原）《风土记》中"仲夏端五，烹鹜角黍"，又"俗以菰叶裹黍米，以淳浓灰汁煮之，令烂熟。于五月五日及夏至啖之"。孔子曾称黍为五谷之长，这种生长在北方的农作物不仅用来做主食，还可酿酒，因其在先民饮食生活中的特殊地位（"丰年多黍"），每年都会在仲夏五月——黍成熟的月份举行祭黍仪式和尝新礼仪，"天子乃以雏尝黍，羞以含桃，先荐寝庙"。将作为祭祀祖先和神灵之品的黍，献给祖庙。渐渐地，以黍祭祀的传统延续下来，将其煮熟后外以菰叶（茭白叶）包成牛角状，是为粽子的雏形。形状不能是方形，也不能是圆形，偏偏为角形，传承自先民以牛角祭祀神灵的遗风。在夏至吃角黍有什么用呢？周处有一句话值得注意，

"盖取阴阳尚相裹，未分散之时象也"，在阴阳学说理论中，夏至这天是阴阳发生激烈变化的一天，用属阴的菰叶包上属阳的黍米，象征着阴阳二气相互包裹，没有分散，吃了它，有调剂阴阳的作用。随着夏至端午习俗的合流，角黍被纳入端午节必吃名单中，这时，还没屈原什么事。

那么，什么时候起，屈原与端午节食粽产生了关联？这得从南朝梁时吴均写的一部志怪小说《续齐谐记》说起。

书中讲述了这样一个故事，屈原五月五日投汨罗而死后，楚国人甚是哀痛，"每至此日，以竹筒贮米投水祭之"。屈原投江三百年后，到汉代建武年间，有一天，长沙人欧回遇到一位自称屈原的人，对他说："你们每年坚持对我祭祀，很好。但筒粽常常被江中蛟龙窃食，让我很苦恼，希望你们以后祭祀我的时候，'可以楝树叶塞其上，仍以五彩丝约缚之。此二物，蛟龙所惮也'。"欧回依照他的要求告知周边民众，一传十，十传百，此后"世人作粽，并带五彩丝及楝叶，皆汨罗之遗风也"。

吴均感念皇帝恩遇，却空有报国热情无处施展，终身只做到"奉朝请"这样的闲散官，这种经历与屈原何其相似。他怀着对屈原的无限崇拜，在动乱不安的南朝局势下，以志怪小说的形式抒发对屈原的热爱和歌颂。有一个细节，吴均所说的筒粽是以竹筒贮米，与角黍不同，这就牵扯出南北方粽子起源和端午节习俗问题。

我们的祖先很早就学会了用火熟食，以大叶植物的叶片包裹食物放在火中煨熟或是扔进沸水中煮熟剥叶而食，曾是一种广泛存在的食俗，它通常发生在大叶植物分布普遍的南方，同在新砍的竹筒中贮米加水，置火上烧烤成熟食一样，属于南方稻作民族制作食物的古老方法，在闻一多看来，"端午是个龙的节日"，吴越民族为了获得祖先兼保护神蛟龙的护佑，不仅有断发文身的风俗，在身体上刻画蛟龙的形状，还会在五月五日这天举行一次盛大的图腾祭，"将各种食物，装在竹筒，或裹在树叶里，一面往水里扔，献给图腾神吃，一面也自己吃。完了，还在急鼓声中（那时许没有锣）划着那刻画成龙形的独木舟，在水上做竞渡的游戏，给图腾神，也给自己取乐"。吴越人祭龙的古老习俗，与北方以角黍祭祖之俗，其产生均是源于先民的生存需求，只是时间越往后，随着南北方端午习俗的融合，到南北朝梁宗懔撰《荆楚岁时记》，称"夏至节日食粽。周处谓为角黍，人并以新竹为筒粽"。

北方角黍已与南方筒粽统称为粽，它们都曾是端午节的祭祀用品，南北朝时被用来纪念屈原。及至唐代，北方的黍渐渐为糯米代替，不仅家家户户要包粽子，市场上也有粽子兜售，种类多、样式巧。

端午节不仅与屈原有关

看来，粽子和端午节的起源确实远在屈原以前。只是越往后知道其形成原因的先民早已不在，人们也无法理解这些习俗活动的真正动机，于是依据各自想象，对其进行新的解说，若是这些解说附上一些知名的历史人物或是戏剧性的情节，更易吸引人们的注意，从而口耳相传。

在汉代出现的众多端午起源说中，端午节还与伍子胥、曹娥、越王勾践等人有关，以伍子胥为例，他比屈原早生了两百多年。本为楚国人，因其家族在楚国被迫害，辗转流亡至吴国，协助公子光成为吴王阖闾，被后者重用。阖闾去世后，伍子胥以辅政大臣身份辅佐吴王夫差，大败越国后，越王勾践请和，夫差答应，伍子胥认为应一举消灭越国，若是留下勾践，此后必有祸患，夫差不听，反倒在越人挑拨下赐其宝剑自尽。

临死前，伍子胥留下遗言，要人在他死后将他的双眼挖出，挂在东城门上，他要亲眼看着越国军队入城灭吴。夫差得知后，暴跳如雷，赶忙命令手下将伍子胥的尸首扔进江里。后来，勾践东山再起，一举灭吴。因为相传伍子胥尸体于公元前484年五月五日被抛入钱塘江，所以民间认为钱塘江潮就是伍子胥指挥水兵来淹夫差的，伍子胥亦成为"潮神"，百姓为其立祠于江上，于每年忌日即五月初五设祭。

到东汉汉安二年（143年）端午，一名巫师曹盱在舜江驾船迎"潮神"伍子胥时，因突然狂风大作被卷入浪中，十四岁的女儿曹娥数日见不着父亲的尸体，昼夜沿江号哭，不久投江而死，神奇的事情发生在三天后，当她的尸体被打捞出来时，乡民们发现，曹娥与父亲的尸身抱在了一起。乡人为纪念曹娥的孝节，改舜江为曹娥江，并以曹娥为水神。县令听说曹娥的故事后，对其大为赞扬，上报朝廷，册封曹娥为孝女，为她立碑（曹娥碑）建庙，碑上清清楚楚地写着，曹盱之死是为迎伍子胥，曹娥之死是为父亲，曹娥的经历再次印证了民间端午迎伍子胥的传统。

难怪《荆楚岁时记》载："邯郸淳《曹娥碑》云：'五月五日，时迎伍君逆涛而上，为水所淹。'斯又东吴之俗事，在子胥，不关屈平也。"足见在当时的吴地，伍子胥的号召力比屈原还强，苏州人至今仍在端午节纪念伍子胥，感念这位姑苏城的建造者。

至于越王勾践说，《越绝书》上说勾践在五月五日这天操练水军，为了迷惑吴国，对外声称"竞渡"，复国后，越人便以五月五日作为纪念他的节日。屈原投江后，百姓纷纷划船打捞其遗体，或以鼓声吓走吃掉遗体的鱼，进而发展为赛龙舟的说法深入人心，可据学者考证，这方面内容的记载不早于东汉中后期，而在屈原自溺之前两百余年的吴越两国，就已有了龙舟竞渡活动。端午节吃粽子、挂五色线禳灾等风俗和龙舟联系在一起，应该在晋以后，其中有关键性影响的应是纪念屈原投江。

只是随着时间推移，纪念屈原逐渐成为端午节俗中最重要的内容和端午节俗的唯一起源，这当然与屈原的形象、经历、文品、人品及被后世推崇、不断被神化有关，反过来说，屈原传说的加入又进一步丰富了端午节的文化意义。到了现代，屈原的爱国精神，更是与民族国家时代的意识形态相适应，从而获得了升华。

中国不产狮子，为什么石狮子却遍地都是？

文：郑昭昕

说起石狮子，想必大家再熟悉不过。大部分传统建筑门前，比如各地的王府、衙署、宅第、陵墓等，我们都能见到一对石狮子的身影，它们立于门外两边，雄狮居左，雌狮居右，侧首蹲坐，凌厉地注视着前方过往的每一个人，俨然威震八方的守门神。

一般而言，石狮子的形象特征都是昂首挺胸、鬣毛涡卷，它们张口露齿，目光炯炯逼人，其雄风震宇的神态像极了真正丛林里的百兽之王。石狮子威武的形象表现出人们对狮子的喜爱与崇拜，那么问题来了，中国本土原来并没有狮子，为何人们如此崇拜狮子呢？

"狮"从何来？

中国本土并没有狮子，历史上狮子曾广泛分布于非洲、欧洲东南部和亚洲，但亚洲东部不产狮子，而是集中在南亚和西亚。

那么，狮子是何时进入中国的呢？

根据《穆天子传》所记载周穆王驾八骏巡游西域一事，其中提到有"狻猊野马，走五百里"。郭璞注："狻猊，即师子（狮子）也。"如此可推断，周穆王在位时，即距今3000年之前便有"狮子"的记载，称为"狻猊"。汉代初年成书的《尔雅·释兽》中记有"狻麑（猊），如虦猫，食虎豹者是也"，更明确地说明当时人们知道除了虎豹猫狗以外还有一种神乎其神的异兽，并名之为"狮"。

公元前138年，汉武帝派张骞出使西域，沟通了中国与中亚各地的友好关系，原为"殊方异物"的狮子才正式被中国人所认知。《汉书·西域传》中"乌弋"条目说明乌弋（乌弋山离国，汉西域国名）有"师子"，颜师古注："师子，即《尔雅》所谓狻猊也。"

两汉时期，狮子以"进贡"的方式传入中国，司马彪《续汉书》记载："章帝章和元年（公元87年），安息国遣使献狮子、符拔。"另外《后汉书·章帝纪》记载，章和元年"月氏国遣使献符拔、师子"。到了唐代时期，丝绸之路的黄金时代，西域狮子更多地入贡中国。根据《旧唐书·西戎传》，中亚康国"贞观九年（635年），又遣使贡狮子，太宗嘉其远至，命秘书监虞世南为之赋"，这便是《狮子赋》：

> 嗔目电曜，发声雷响。拉虎吞貔，裂犀分象。碎迲虺于龈腭，屈巴蛇于指掌。践藉则林麓摧残，哮吼则江河振荡。

从此赋可看出唐人为狮子的威猛所震撼，有趣的是，当时还产生了一些有关狮子的神奇传说。李肇《唐国史补》记载："开元末，西国献狮子。至长安西道中，系于驿树。树近井，狮子哮吼，若不自安。俄顷风雷大至，果有龙出井而去。"显然，狮子在唐代的形象带有浓厚的神话色彩，但真正使狮子的形象神化为一种有法力的瑞兽的是佛教。

凶猛的狮子究竟是如何与佛教联系在一起的呢？

佛教中的狮文化

其实，佛典中有关狮子的说法可谓俯拾皆是，《佛说太子瑞应本起经》载："佛初生时，有五百狮子从雪山来，侍列门侧。"狮子在佛教文化中地位非常高，常用来比喻最有威望的人，譬如《大智度论》曰："佛为人中狮子，佛所坐处，若床若地，皆名狮子座。"

此外，还有著名的"狮子吼"，《传灯录》记载"释迦佛生时，一手指天，一手指地。作狮子吼，云：'天上地下，唯吾独尊'"。《维摩诘所说经·佛国品》也提到，佛家诵法时，"演法无畏，犹师子吼，其所讲说，乃如雷震"。

另外，狮子还是文殊菩萨的坐骑。相传狻猊是龙生九子之一，喜烟好坐（大部分关于狻猊的艺术品与香炉有关），佛祖见它有耐心，便收在身旁，后为文殊菩萨的坐骑。观察敦煌莫高窟第159窟西壁的"文殊变相图"，壁画中的狮子圆目、张嘴、翘尾，一头石青色的鬣毛卷若云朵，身披华丽鞍鞯，上有莲花须弥座，文殊菩萨坐于狮子背上的宝座，神情安详。

由此，狮子在佛教中既是护法者形象，又是文殊菩萨的坐骑，凶猛剽悍，威震八方，因此后来其形象逐渐被人们用来作为护卫者和辟邪物。狮子便是以这个全新的文化形象参与到大众的生活之中，并逐渐在历史长河中慢慢促成了一种中国本土独有的"崇狮习俗"。

崇狮习俗

狮子作为百兽之王，《坤舆图》说："（狮）为百兽王，诸兽见皆匿影，性最傲，遇者亟俯伏，虽饿亦不噬。"人们见识到狮子王者的威仪，加上狮子在佛教中的文化含义，无不象征着威望与力量，因此普遍认为狮子能够驱邪御凶，守护人们的安全。

根据《十洲记》的记载："西海聚窟，洲在西海中，艮方之地，地方三千里。北接昆仑，二十六万里，有狮子，辟邪巨齿，天鹿长牙，铜头铁额之兽。"早在汉代或六朝，狮子便被赋予了"辟邪"的功能。相传，南朝梁武帝朝著名画家张僧繇所画的狮子图也有辟邪驱灾的功能。

在唐代，狮子被作为镇墓兽以镇妖邪怪佞，唐代的墓葬中出土了大量的狮形镇墓兽。至于石狮子是何时出现的，根据唐代阎随侯所作《镇座石狮子赋》中"有西域之奇兽，兽嘉名于古今，因匠石之著象，非虞罗之所擒"之语可见，唐朝已经有以石头雕刻狮子用以辟邪、守护的传统，尽管其起源尚无明确的史料记载，但狮子作为"守护神""辟邪物"的文化含义在历史的更迭中是愈发受大众喜爱。

显而易见，大部分传统建筑门前，比如宫殿、衙署、府第、庙宇，甚至一直到现今的一些现代建筑，我们仍能看到一对雄威震宇的石狮子立在门前，昂首挺胸担当着守护者。

人们对狮子的喜爱还体现在另一个重要的传统活动——舞狮中。

舞狮的起源迄今尚无明确定论，根据《旧唐书·音乐志》，其中有一段关于"太平乐"的记载："太平乐，后周武帝时造，亦曰五方狮子舞，缀毛为狮，人居其中，像其俯仰驯狎之容。二人持绳秉拂，为习弄之状。五狮子各立其方位，百四十人歌太平乐。"这里所谓"太平乐"与现代所理解的"舞狮"颇为相似，这是关于"狮子舞"起源较为明确的史料记载。

然而，南北朝时期已有与"狮子舞"类似的场景描绘，北魏杨衒之在《洛阳伽蓝记》中记述了民间"行像"中舞狮表演的壮观场面。佛教的"行像"活动是指在佛生日这一天用宝车载着佛像在城市街道巡行的一种宗教仪式，常伴随丰富的乐舞活动，根据其记载："辟邪狮子导引其前，吞刀吐火、腾骧一面；缘幢上索，诡谲不常。奇伎异服，冠于都市。像停之处，观者如堵，跌相践跃，常有死人。"

无论舞狮起源于何时，它已作为一个历史文化传统被良好地保存了下来。唐代时期舞狮活动愈加盛行，无论在宫廷、军营还是在民间，舞狮均为人们喜闻乐见的活动。在当时有许多诗词歌赋都曾描述过这种活动，其中最为有名的当数白居易的《西凉伎》："西凉伎，西凉伎，假面胡人假狮子，刻木为头丝作尾，金镀眼睛银帖齿。奋迅毛衣摆双耳，如从流沙来万里。"可谓现代舞狮之雏形。

现今，"狮子舞"已成为人们喜闻乐见的传统娱乐活动，每逢新春佳节或喜庆活动，舞狮的出场已司空见惯，在喧天的锣鼓声中，威严的醒狮以其腾跃激昂的动势，遒劲地舞动着。舞狮将舞蹈、杂技和武术以及中国的传统文化融为一体，具有鲜明的民族特色和独特的艺术形象，甚至已成为中华民族的文化象征享誉海内外，只要有华人的地方，就会有舞狮活动存在。

狮子的形象在中国历史文化传统中可谓深入民心，少林七十二绝技中也有以狮子为原型的功夫，即"狮吼功"。关于"狮吼功"最形象的描述要数金庸笔下的金毛狮王谢逊，他在王盘山试刀大会上以一招"狮子吼"力败群雄，夺取了屠龙刀。在各大影视作品及武侠小说中，处处可见"狮吼功"的踪迹。

有趣的是，"狮吼功"还衍生出一个俗语，即称悍妇恶骂为"河东狮吼"。相传，宋代苏轼的朋友陈慥（号龙丘居士），他喜招宾客，好谈禅理，但他的妻子柳氏悍妒，陈慥非常怕她。苏轼曾赋诗戏之云："龙丘居士亦可怜，谈空说有夜不眠。忽闻河东狮子吼，拄杖落手心茫然。"

现在，我们重新回到开头所提的石狮子。

大家可能发现了，石狮子的形象特征普遍是鬈发、巨眼、张口、露齿、利爪，一副雄壮威严的样子蹲坐在门口两侧。

要知道，石狮子的形象在历史上并不是一直是如此威猛的状态。

举个例子，宋代时的狮子象征意义增添了更多的纳祥意味，造型品类发生了许多变化，如盛行狮子与绣球的配合纹饰，习称"狮球纹"。当时狮子的造型也不太强调威严，而是与宠物更为接近，开始流行在狮子脖子上系挂铃铛，并有许多母狮像猫狗一样玩弄小狮享受天伦之乐的雕塑造型，整体风格较为活泼可爱。

另外，现在的石狮子普遍是蹲坐的形象，更早追溯到唐代时期还有一些"走狮"形象。石狮子昂首挺胸，右肢前迈，左肢后伸，步伐稳健，极目远视，仿佛正在巡逻。雕刻者抓住了狮子行走动态和细节变化，突显了狮子的雄风霸气。

唐代以后，石狮子基本上是蹲坐的形象，正如其"守护者"之名，默默地守护在门前。为何石狮子不再"走"了呢？

大概是因为大热天的，一直走着太累了吧。

"将军肚"是怎么来的？

文：王笑寒

"人中吕布，马中赤兔。"在勇猛无敌的吕布出阵作战时，《三国演义》将其描绘为"头戴三叉束发紫金冠，体挂西川红锦百花袍，身披兽面吞头连环铠，腰系勒甲玲珑狮蛮带；弓箭随身，手持画戟，坐下嘶风赤兔马"，一股英霸之气跃然纸上。

你可能以为《三国演义》中霸气十足的吕布应当和电影《斯巴达三百勇士》中的斯巴达战士一样，有着线条清晰的发达肌肉，那结实的八块腹肌，甚至能使腹铠反射的金光都黯然失色。不过，中国古代历代画师对战将的描绘可能会令你大失所望：在他们的作品里，从汉代的淮阴侯韩信到《水浒传》中的豹子头林冲，看起来都有些"大腹便便"。

有趣的是，在我们的印象里，好莱坞电影里的施瓦辛格、史泰龙和巨石强森这类肌肉硬汉似乎才是男性审美和勇猛战力的代表,那么,为何中国古代名将都是"将军肚"而没有八块腹肌呢?

从雅典城到好莱坞:肌肉型男简史

为什么好莱坞电影会有"肌肉型男"的审美?我们又是如何接受这种"肌肉型男"的审美的呢?

在西方,对人体肌肉线条的偏爱早在古希腊就已开始。例如,公元前5世纪希腊雕塑家米隆的作品《掷铁饼者》就通过对肌肉线条和身体动感的描绘,将古希腊人的青春力量和健美体魄表现了出来。从米隆的作品来看,古希腊艺术对身体线条的描绘已近大成,这是继承传统希腊艺术的结果。希腊艺术在首创时就偏爱几何图形,在公元前7世纪左右的古风时代就广泛吸取了世界各地的数学知识,希望在数学知识的基础上进行艺术设计。

为了更好地展现人体,古希腊艺术家一方面通过解剖学不断地研究人体本身,另一方面则引入黄金比例,打造理想中的人体形象。总体而言,古希腊雕塑对人体的创作是理想主义的,它的实质是利用科学测量、分析试验来刻画数学模型般的完美人体,以达到审美上的和谐。古希腊的艺术创作受到了古希腊哲学(特别是柏拉图主义和毕达哥拉斯学派)的影响,可以说,正是古希腊哲学家对理想世界、宇宙规律和数理几何的思考,催生了艺术上的完美人体,激发了古希腊人对肌肉线条的喜爱。

不过,对人体肌肉线条的强调不仅是古希腊哲学理念和艺术思想的产物,还是古希腊人社会生活的直接体现。众所周知,古希腊还是奥林匹克运动的发源地，这里有着源远流长的健身文化，体育竞技既是一种向神祭祀的方式，又是一种独特的社交方式，可以在和平年代帮助城邦和个人赚取声望。

在古希腊城邦繁荣发展的过程中，不仅出现了赛跑、铁饼、标枪、跳远、拳击等运动，还出现了体育场、赛马场和摔跤场等多种运动场所。现代英语中的"健身房"（Gymnasium）一词就来源于古希腊语中的训练场（Κυνοσαργες），原义为"赤裸地进行体能训练的地方"，可见古希腊人在体育训练时有赤裸着展示身体的传统，这也难怪他们会仔细欣赏并且刻意塑造完美的肌肉线条了。

此后，随着健身运动的发展，古希腊人开始把拥有健美身材的人奉为偶像与楷模，健美之人被颂为英雄，其地位与天上的神明无异。当代艺术家汉密尔顿干脆认为，古希腊最完美的神赫耳墨斯就是古希腊艺术家通过观察正在训练的运动员雕刻出来的。

还有研究表明，柏拉图本人也是体育运动的爱好者，他不仅喜欢舞蹈和摔跤，还大力推行体育教育，认为它与知识教育同等重要。因此，柏拉图与其思想追随者在雅典城聚会的地点"Akadēmíā"就是一处可以锻炼肌肉的体育训练场，后来这个词干脆演变成了"Academy"，泛指如大学、研究院、学会等高等教育机构或组织，可见体育运动与健美文化在古希腊的地位。

虽然在后来的中世纪，重视灵魂拯救的基督教教义一度将身体看作邪恶腐朽的，使得健身文化消失，但文艺复兴和启蒙运动则重拾了西方人对古希腊健身文化的兴趣。英国哲人兼教育家约翰·洛克在其著作《教育漫话》中曾反复强调击剑、拳击和舞蹈等对教育的重要性，德国哲人尼采则希望德国人不仅成为精神上的古希腊人，还能够身体强健，成为身体上的古希腊人。

曾经的古希腊人对肌肉线条的热爱并没有随着西方文明的嬗变而慢慢消失，反而在西方世界得到了很好的继承，20世纪好莱坞电影中那些一身腱子肉拳打四方的"杰森·斯坦森"，便是西方传统肌肉审美得以延续的产物。

与西方人不同，中国人并没有欣赏肌肉的历史传统。虽然直到1978年，日本影星高仓健主演的《追捕》在国内公映，刚毅勇敢的男性才靠"进口"登上审美的历史舞台。但20世纪80年代中国流行的型男还是唐国强、蔡国庆和苏有朋这类"奶油小生"。

风水轮流转，到了今天，00后为之疯狂的各种"哥哥"，也和肌肉男形象相距甚远，足见肌肉审美很难在中国扎根。

总而言之，当我们问"为何中国古代名将都是将军肚，而没有八块腹肌"时，潜意识里，已经将"八块腹肌"与理想的男性形象画了等号。但实际上，"八块腹肌"是地地道道的"舶来品"，它根植于古希腊文化，又通过西方影视作品等影响了一代人。

不过，即使中国人民并不崇拜肌肉，我国古代画师为什么走向了另一个极端，把武将都画得大腹便便呢？"将军肚"的形象到底是怎么来的呢？

从兵马俑到水浒图：大肚型男简史

与古希腊雕塑不同，中国历史时期的早期人体雕塑——兵马俑，更加注重刻画现实条件下的人体形象。秦汉以前，中国古代大人物的丧葬往往需要活人人殉或人祭。秦汉以后，这种丧葬风俗被强行压制，木俑和陶俑随之兴起，以替代活人殉葬。

古人讲究"事死如事生",在墓葬中,随葬的人俑则多模仿活人在现实中的生活情态。兵马俑作为秦汉随葬人俑的巅峰和典范,在模仿现实方面亦不遑多让:秦兵马俑"千人千面"的特色便是秦俑造像模仿现实生活的明证。

有趣的是,秦始皇兵马俑群有一个神奇的规律:地位越高的兵俑,肚子越大。兵马俑的衣服是上片压着下片,但是高级军官的将军俑,由于肚子变大,衣服的上片已经压不住下片了,"将军肚"的说法也就由此而来。那么,武力值高的人为什么会肚子大?也和今天人们的"啤酒肚"一样,是喝酒造成的吗?

在湖北云梦睡虎地发现的秦代简牍中,考古学家发现了有关秦兵在战前战后大量饮酒的记载。这也好理解,酒可以缓解战士的恐惧,使得秦军的作战更加勇武;作战后倘若幸存,由于秦人采取按军功授爵的制度,饮酒庆功也在情理之中。

不过,饮酒并不只是秦人的习俗,古今中外的士兵都有类似的习惯,更重要的是,秦将的"将军肚"难道不会影响他们的战斗力吗?

在格斗竞技的实战中,人体在格斗中所发挥的力量与最大肌肉量相关,这也就意味着,在体脂率相同的情况下,体重越高的个体,肌肉量越多,力量也就越大,战斗力也就越强。因此,在体脂率出入不大的情况下,大体重在近战格斗中往往意味着"降维打击",这也是大多数格斗竞技为保持公平,要分为轻量级、中量级和重量级的原因。例如,由于人体肌肉的增加程度有限,日本相扑选手甚至会刻意增肥来增加体重,以获取优势。

与日本相扑选手类似,中国古代将军的腹部并非完全由懒惰享乐的脂肪堆成的"啤酒肚",而是包裹着厚厚肌肉的"将军肚"。在古代战争中,军队长途行军对战将和士兵都是巨大的考验,这意味着军士必须有一定量的脂肪储备，否则体力续航很成问题。

战国时期魏国名将吴起所训练的精英士兵魏武卒曾多次大破秦军这种"虎狼之师"，而在出战时，魏武卒需要"衣三属之甲，操十二石之弩，负服（箙）矢五十个，置戈其上，冠轴带剑，赢三日之粮，日中而趋百里"，意思是，魏武卒每当出战行军时要披上三层重甲，带上十二石重的弩，手持长戟，腰悬铁剑，背五十支弩矢，带三天粮食，半天急行军一百里。这种级别的负重行军，没有大量脂肪作为能量储备，是难以想象的。

与魏武卒相似，中国古代战将因为长期骑马，不仅需要足够的腰腹力量承受铠甲和武器的重量，还需要有一定的脂肪储备以应对长途行军的消耗。因此，《后汉书》在提到汉代名将班超时，将其描述为"燕颔虎颈，飞而食肉，此万里侯相也"，大意是说班超脖子粗得像老虎，就暗指其身材魁梧，英伟不凡。实际上，与"燕颔虎颈"相似，"虎背熊腰""五大三粗""牛高马大""腰阔十围"等，都是古代军士理想的身材标准。考虑到行军打仗和近战格斗的实用性，这种身材虽然与"八块腹肌"相距甚远，却是中国古代画师描绘武将形象的"模板"。

在南宋刘松年的《中兴四将图》中，猛将岳飞就是经典的大肚形象。不唯如此，这种武将"模板"还远渡重洋，影响了东瀛等地。例如，在日本浮世绘版的《水浒画谱》中，"八十万禁军教头"林冲同样也是挺着大肚腩的经典形象。

中国古代武将的"将军肚"，虽然与今天的"啤酒肚"看起来相似，但却是典型的"脂包肌"，是战斗力量性和持久性的代表。对这些将军而言，从实战上看，训练肌肉线条是毫无性价比的行为，而提高体重却有益于增强战斗力；从社会风气上看，中国古代也缺乏古希腊社会般偏爱肌肉线条的审美文化。

因此,由于实战考虑和审美习惯,中国古代的武将形象不可能是"八块腹肌",而是"大腹便便"。所谓"宰相肚里能撑船",古人诚不我欺。

凡人修仙指南

文：郑昭昕

近几年来，以"仙侠"为题材的小说或电影是越来越多了，其新意在于"仙侠"脱胎于传统的武侠文化，同时吸纳了部分中国传统佛道文化，重新构建了一个既有传统文化底蕴又充满想象力的玄妙"仙界"。

早在民国初年，便有还珠楼主的《蜀山剑侠传》这部罕世巨著，尽管它仍属武侠小说，但作者独创了"修仙进化论"；到了网络发达的现代，萧潜的《飘邈之旅》可谓网络原创修真小说的开山之作，他更完整地开创了一套"修真体系"，包括各种修真层级、门派等。

这些仙侠主题讲述的不外乎"神仙"或"修仙"等元素，这些天马行空的构想使得现代人得以从烦闷的日常生活中跳脱出来，进入虚拟的玄幻世界。尤其在这个互联网的时代，处处存在着人们对所谓

"仙界"的幻想，比如夸自己特别敬佩的人叫"大神"，女孩子称作"小仙女"，甚至将"熬夜"称为"修仙"，调侃那些时常熬夜的人可通过熬夜来完成一层层的修炼层级。

那么，当我们说着"神仙""修仙"时，我们说的究竟是什么仙呢？

"仙"的概念实际上源自道教。

唐代道士吴筠在《玄纲论》中说："天地、人物、灵先、鬼神，非道无以生，非德无以成。"在道教的自然观中，"道"以气化的方式孕育世间万有，而万有间最为根本的存在便是天、地、人、神（仙）和鬼。道教作为一个多神信仰的宗教，神仙信仰为贯穿始终的最基本的信仰。

何谓"神仙"？

道教中的神仙谱系

实际上，在原始宗教、神话传说及早期道教中，"神"与"仙"是两个不同的概念。

《说苑·修文篇》对"神"是这样解释的："神者，天地之本，而为万物之始。"在《说文解字》中也有类似的说法："神，天神，引出万物者也。"由此可见，"神"为造物主一样的超自然存在，不受自然规律限制。至于"仙"，"仙"字在古代写作"仚"，《说文解字》解释为"人在山上貌"。《释名·释长幼》中说："老而不死曰仙；仙，迁也，迁入山也，故其制字人旁作山也。"意即古人认为想要得道成仙，必须隐进深山，长期修炼，方能达到"老而不死"。

由此，我们可以看出神和仙都可以长生不死，各有神通，但二者的主要区别在于，神多属于先天而成，仙乃是人通过修炼得道后天而成的，道教的神仙也以此分为神和仙两类。

道教中的"神"主要包括天神、地祇、物灵、地府神灵、人体之神和人鬼之神等。葛洪在其《神仙传》中详细地将神祇划分为七个等级，最高天神是元始天王；第二等级为老君、玄女等神；第三等级为主宰人间具体事务的神灵等。

至于我们所关注的"仙"，是后天修炼而成的，道教按照修炼成仙方式的不同，将"仙"分为天仙、地仙和尸解仙。根据葛洪所著《抱朴子内篇·论仙》引《仙经》说："上士举形升虚，谓之天仙。中士游于名山，谓之地仙。下士先死后蜕，谓之尸解仙。"葛洪认为，上等仙由于修炼得好，可以直接肉体飞升成仙，叫作天仙。中等仙不能升天，只能留在地上，但也是肉体直接成仙，叫作地仙。下等仙的肉体不能在大庭广众面前直接成仙，需假托死掉，然后再化生成仙，叫作尸解仙。

这里我们或许会感到疑惑，为何有些人能"修炼得好"成上等仙，而有些却"修炼得不好"成了下等仙呢？关键在于其修炼方法之差异。

葛洪说明："朱砂为金，服之升仙者，上士也；茹芝导引，咽气长生者，中士也；餐食草木，千岁以还者，下士也。"这就是说，服食金丹大药举形升虚的是天仙；靠行气导引的是地仙，可以在名山遨游；下等的是服食草木之药在人间先死后蜕的尸解仙。由此看来，"修仙"也有明确的层级之分。

然而，人真的能通过修炼而成仙吗？

道教中的"修仙"原理

众所皆知，"修仙"成功便可长生不死，所谓长生不死的原理并不在于永生，而是实现由人变为仙的一种转换。由于世间万有皆由"道"以气化的方式孕育而成，人与神仙之间是有一定程度的共通性的，人体生命能与天地自然"同源、同构、互感"，而从人到神根据其神性的有无程度可进行排序。

根据《太平经合校·卷五十六至六十四·阙题》所记：

> 今神人、真人、仙人、道人、圣人、贤人、民人、奴婢，皆何象乎？然神人者象天，天者动照无不知。真人者象地，地者直至诚不欺天，但顺人所种不易也。仙人者象四时，四时者，变化凡物，无常形容，或盛或衰。道人者象五行，五行可以卜占吉凶，长于安危。圣人者象阴阳，阴阳者象天地以治事，合和万物，圣人亦当和合万物，成天心，顺阴阳而行。贤人象山川，山川主通气达远方，贤者亦当为帝王通达六方。凡民者象万物，万物者生处无高下，悉有民，故象万物。奴婢者衰世所生，象草木之弱服者，常居下流，因不伸也，奴婢常居下，故不伸也，故象草木。

圣人以上都是高于人的神仙，在这个等级划分之中，即使最低贱的人只要坚持学道修仙就能够一级一级地上升为不同级别的神仙，如《太平经合校·贤不肖自知法》所说："夫人愚学而成贤，贤学不止成圣，圣学不止成道，道学不止成仙，仙学不止成真，真学不止成神，皆积学不止所致也。"

由此看来，只要好好学习，天天向上，即可修仙。

那么，具体该怎么"修"呢？

道教中的"修仙"之术

根据《太平经·东壁图》所述："好道者长寿，乃与阴阳同其忧，顺皇灵之行，天地之性，得其道理，故天佑之也……趣学不止，令命得阳遂也。或得长寿身不败。"由此看来，修炼成仙即可长寿，而修仙的方法须"顺皇灵之行，天地之性"才能得其"道"。道教强调"道法自然"，由此修炼者必须返归纯朴自然之本性，以此达到与道合一的状态，才能得道长生、证真成仙。

《太平经》在说明"道"的同时也提及"德"："道兴者主生，万物悉生；德兴者主养，万物人民悉养，无冤结。"由"道"至"德"，"德"是修仙之根本，在开始修仙前，需要积德。

早期道教吸纳了儒家三纲五常这一套伦理规范，非常强调行善积德。善忠孝顺乃太上天君的旨意，人若要想符合天神心意，行善就是必不可少的。《太平经合校·急学真法》中记载："夫为善者，乃事合天心，不逆人意，名为善。善者，乃绝洞无上，与道同称。天之所爱，地之所养，帝王所当急，仕人君所当与同心并力也。"在另一个层面上来说，道教强调人只有做善事才符合自己的本性，人本是以"道"禀天地之气而生的，行善积德可以与天地相感应。

由此，在行善积德的基础上，即可开始"修仙"。

修仙指南（一）——外服

我们知道，道教认识到自然界物质形态的多样性，且相信人与万物均能变化，因此主张"服食"。服食分为草木类和金石类两种，"草木之药，埋之即腐，煮之即烂，烧之即焦，不能自生，何能生人"，与之相比，"金玉在九窍，则死人为之不朽。盐卤沾于肌髓，则脯腊为之不烂，况于以宜身益命之物，纳之于己，何怪其令人长生乎？"由此，古人普遍认为金石比草木更能有效炼成成仙之道，简单来说，就是多吃菜没有用，得吃金丹。

何谓金丹？

金丹即金液还丹，所谓"金液"，根据《云笈七签》卷六十五《太清金液神丹经》称："金在醢中过三七日（二十一日），皆软如饴，曲伸随人，其精液皆入醢中，成神炁也。"金液之法就是古人用酸液溶化金属的一种方法。那么"还丹"，指的是在炼丹过程中，经过由砂变汞，由汞变砂，最后炼制成丹药，"还"为返还之意。

葛洪可谓是炼金液还丹的"大神"，他在其著作《抱朴子》中叙述了炼丹之法："凡草木烧之即烬，而丹砂烧之成水银，积变又还成丹砂，其去凡草木亦远矣。故能令人长生。"丹砂为仙药之上等，次则黄金、白银诸芝、五玉等，葛洪还不断强调金玉之于成仙的重要性："飡一斤金，寿弊天地，食半斤金，寿二千岁；五两，千二百岁，无多少，便可饵之。"

实际上，葛洪的炼丹之法表现了古代的重金石而贱草木的思想。古人普遍认为不同的金石矿物摄取了不同的宇宙天地之精气。

炼丹的过程与天地造化是同途的，炉鼎即是一小宇宙，将不同的金石矿物放入炉鼎中进行烧炼，实际上就是模拟天地造化的进程，将不同的金石中的天地精气炼合为一。人如果服用了烧炼成功的神丹，就能成神成仙，寿与天齐。如《抱朴子内篇·金丹》中记载："夫金丹之为物，烧之愈久，变化愈妙。黄金入火，百炼不消，埋之毕天不朽。服此二物，炼人身体，故能令人不老不死。"

由此，炼丹相当于制造一个小宇宙，实为神圣之事，其过程有非常多的禁忌。炼丹前须斋戒沐浴，不能让小孩和女人靠近；必须用金鱼、玉环、青丝等贵重信物与天盟誓。炼丹的场所也有所规定，必须找罕无人迹，且有正神保护之山，同时还得提防各种猛兽毒虫的侵害等。

炼丹，真不简单。

修仙指南（二）——内修

内修为内在修行，即把"道"转化为修炼者心里的感知，将自己的内心体验和"道"融合一体，从而通神成仙。内修最重要的方法，便是"守一"。

何谓"守一"？"守"可理解为安守、守持，而"一"在道教思想中有着诸多含义，有起始义，有本根义，如《太平经合校·五事解承负法》所说："以何为初，以思守一，何也？一者，数之始也；一者，生之道也；一者，元气所起也；一者，天之纲纪也。"葛洪非常重视"守一"之法，它认为"守一"的作用和服用金丹的地位相当："仙经曰，服丹守一，与天相毕，还精胎息，延寿无极。此皆至道要言也。"

那么，究竟如何"守一"呢？我们可参考上清派的守一术。

《洞真太上素灵洞元大有妙经》中说明我们身体之中有"三一"，分别为上一、中一、下一。上一为一身之天帝，中一为绛宫之丹皇，下一为黄庭之元王。这"三一"监统身体之中百神和各个器官，因此又被称为"一身之灵宗，百神之命根"。"三一"是如此重要，人如果能排除杂念，专守"三一"，就能驱除邪气，不失正气，达到身体安康，长生不老。

上清派守三一的方法又被称为"五斗三一"，"五斗"是指行法术时存思五星，五星分别为：阳明、丹元、阴精、北极、天关。具体的做法便是在立春、立夏、立秋、立冬时分别在东南西北四个不同的方位进行精思。

除了"守一"，在日常生活中还得辅之"行气"修身。"行气"之概念起源于上古，指利用人体的呼吸俯仰，屈伸手足，使血气流通，以达到身体健康的一种方法。

葛洪在《杂应篇》中写道："行气不懈，朝夕导引，以宣动容卫，使无辍阂。"即要早晚行气导引以疏通荣气、卫气。葛洪还介绍了具体的行气操作方法以及行气原则，根据王明《抱朴子内篇校释》："初学行气，鼻中引气而闭之，阴以心数至一百二十，乃以口微吐之，及引之，皆不欲令己耳闻其炁出入之声，常令人多出少，以鸿毛著鼻口之上，吐气而鸿毛不动为候也。渐习转增其心数，久久可以至千。夫行气当以生气之时，勿以死气之时也。故曰仙人服六炁，此之谓也。一日一夜有十二时，其从半夜以至日中六时为生气，从日中至夜半六时为死气，死气之时，行气无益也。"

魏晋期间的士人流行服药和导引方术，认为通过服药和导引行气是具备长寿效果的，举个例子，比如嵇康，"又呼吸吐纳，服食养身，使形神相亲，表里俱济也"。

综合上述，通过各种外服、内修之法，修仙者在坚持不懈的前提下便可突破一层层的修炼层级，实现由"人"变为"仙"的转换。有趣的是，网络修仙小说以上述修炼之术为基础，为人们构建了一个呈阶梯上升的修为境界，简单来说，即修到哪个程度便可进入哪个境界。

举个例子，修真小说《飘邈之旅》将修真者的修为境界共分为十二层级：筑基、旋照、开光、融合、心动、灵寂、元婴、出窍、分神、合体、渡劫、大乘。

这数等修炼层级并非全凭空创造，而是融入了不少佛道的传统文化思想，譬如第一层级"筑基"即为道家修炼之基础。《金丹要诀》中提及"构屋者以治地为筑基，炼丹者，以死砂为筑基。……砂汞成银丹之基，外丹筑基死汞，与内丹筑基接命，同也"。再者，"元婴"也表现出道家对"婴"的偏爱，婴儿是人类最接近天道自然的状态，《道德经》记载："知其雄，守其雌，为天下谿（溪）。为天下谿（溪），常德不离，复归于婴儿。"由此，复归于婴儿便是修为达到"返璞归真"的一种境界。

修炼之途，实在困难重重。譬如修真者若进入六层的元婴期，修炼出自己的"紫府元婴"，可以达到所谓灵魂不灭。在这之后尚须修至十层的渡劫，才可达到肉身不灭。一旦开始修炼即不可停歇，或许需要耗时上百年、上千年。

葛洪在其《抱朴子内篇》中也曾说道："夫求长生，修至道，诀在于志。"由此，其实修仙的关键并不在于各种修炼方法，而是在于坚持不懈的志气。

那么，真的没有其他快捷的修仙之法了吗？

有的。比如"熬夜"，每多熬过一个点，功力便可上升一层。

今晚即可开始。

（本文涉及的网络修仙小说中的修炼层级和途径，虽然其理论融入了部分佛道的传统文化思想，但究其本质，仍为小说家之言，纯属虚构，望读者切勿当真。——编者按）

一座墙内开花墙外香的中国塔

文：庚沅

我们先来猜个谜。

如果说中国曾有一座地标性建筑，是中国建筑技巧的璀璨结晶，它曾经声名远播，至今仍在国外广受欢迎，你能想到是什么建筑吗？

长城？故宫？

在中国恢宏大气、多如繁星的建筑里，我们可以列一个长长的名单，但下面要说的可能不会进入前十名，它就是曾坐落于南京的大报恩寺琉璃塔。

琉璃塔的名气在国外和国内非常不成正比。在西方，它是古代中国的标志性建筑之一。它会出现在中餐外卖盒上，《生活大爆炸》中的中餐外卖颇为抢戏。它会作为中国建筑的代表出现在电脑游戏中，在游戏中建造它，你可以增加科技值，加快获取资源的速度。它甚至会被印在硬币上，原价0.5镑的硬币被炒到了310镑。

南京作为中国四大古都之一，有着"六朝古都""十朝都会"之称。在明朝，南京曾短暂地成为首都，自明成祖朱棣迁都后长期作为"南都"，是仅次于北京的国家第二中心，可以说是十七世纪的纽约。

吴敬梓在《儒林外史》中对当时南京城的繁华做了细致入微的描述：

> 这南京乃是太祖皇帝建都的所在，里城门十三，外城门十八，穿城四十里，沿城一转足有一百二十多里。城里几十条大街，几百条小巷，都是人烟凑集，金粉楼台。城里一道河，东水关到西水关，足有十里，便是秦淮河。水满的时候，画船箫鼓，昼夜不绝。城里城外，琳宫梵宇，碧瓦朱甍。在六朝时，是四百八十寺；到如今，何止四千八百寺！大街小巷，合共起来，大小酒楼有六七百座，茶社有一千余处。

如果说南京城是大明王朝的王冠，大报恩寺琉璃塔便是王冠上最耀眼的宝珠，受四方敬仰，万国来朝。

大报恩寺琉璃塔的总设计师是明成祖朱棣，他告诉世人天下第一帝国拥有天下第一塔。而修建琉璃塔的匠人们也用精湛的技艺塑造了琉璃塔"三绝"，让"天下第一塔"实至名归。第一绝曰高耸入云，第二绝曰通体琉璃，第三绝曰佛灯永明。

这个塔高78.2米，如果按一层楼高3米来算，这座塔约等于26层楼。哪怕是今天来看，也是一个高层建筑。通体用琉璃烧制，塔内外置长明灯144盏，光辉灿烂，华贵非常。张岱在其文中写道：

塔上下金刚佛像千百亿金身。一金身，琉璃砖十数块凑砌成之……天日高霁，霏霏霭霭，摇摇曳曳，有光怪出其上，如香烟缭绕，半日方散。

在17—19世纪的欧洲，人们对"南京瓷塔"的熟悉程度和埃菲尔铁塔、大本钟一样，琉璃塔被视为古老中国的象征。欧洲人将大报恩寺琉璃塔誉为中世纪世界七大奇迹之一，与古罗马斗兽场、亚历山大茔窟、比萨斜塔相并列。

1613年，葡萄牙籍耶稣会士曾德昭在其所著《大中国志》中赞美南京，并特别隆重介绍了大报恩寺琉璃塔，称之为"足以和最著名的罗马古代建筑相媲美的豪华建筑"。

1687年，法籍耶稣会士李明在《中华现势新志》中，称大报恩寺琉璃塔是"整个东方地区最好的建筑，最高贵的大楼"。

而真正使大报恩寺琉璃塔盛名远播欧罗巴的，则是荷属东印度公司的一个使团。1656年，荷属东印度公司派出近百人的使团前往中国访问，其中有一位"摄影师"，名为约翰·纽霍夫，他负责将沿途的中国风景一一描绘下来。在南京，高大雄伟、美轮美奂的琉璃塔将其深深折服，他说："琉璃塔是精品中的精品，展现了中国能工巧匠独特的才华与智慧……我要以诗将它凝固，将这座宝塔与世界七大奇迹并置。"他将琉璃塔带给他的震撼变成了一幅幅画作。

多年后，回到荷兰的纽霍夫委托哥哥在阿姆斯特丹出版了自己的中国游记——《荷兰共和国东印度公司大使晋谒中国皇帝记》，记述了自己随团出访中国的经历。书中的大报恩寺琉璃塔素描画震撼了欧洲人，迅速掀起了一股"大报恩寺琉璃塔热"，大报恩寺从此成了外国人眼中中国的文化符号之一。

欧洲人对大报恩寺的热爱，是17世纪至19世纪欧洲大陆各国的"中国崇拜"潮流的缩影。皇室贵族热衷于丝绸、茶叶、瓷器等中国产品，甚至以会说简单的中文为荣。

大报恩寺的走红在整个欧陆引发了模仿风潮。法王路易十四为了讨自己的情人蒙特斯班夫人欢心，命令建筑师建造一座最时尚的宫殿。宫廷建筑师路易·勒凡从"南京瓷塔"中获得灵感，建造了一座全部用瓷砖建造的建筑——特里亚侬宫。

特里亚侬宫是从琉璃塔得到设计灵感，英国则有一座完全模仿琉璃塔的建筑——述园塔。述园塔也是皇家建筑，高约50米，共10层，与琉璃塔一样，每层高度和周长以30厘米的级差逐级递减，可称琉璃塔的"异国兄弟"。

英国和法国向来互相不服气。述园塔建成后，法国人安蒂尼·佛朗索斯就建造了一座香侬塔，塔高约44米，模仿琉璃塔的外形，逐级内收。有趣的是，这座塔的底部还用汉字刻了"知恩"二字。

尽管大报恩寺曾经如此光彩照人，声名远播，而今却很少为国人所知。可能更鲜为人知的是，大报恩寺还有着不止一个"前世"，每一个都有辉煌的历史。

说起南京的繁荣，与三国时东吴定都于此脱不开关系。赤乌年间，孙权建建初寺及阿育王塔。此乃中国南方地区的首座寺庙，人称"江南第一寺"。阿育王塔是南京最古老的佛塔，也是中国最早的佛塔之一。在敦煌壁画里，就描绘有孙权为西天竺僧人建造建初寺的故事。

西晋太康年间，武帝司马炎在建初寺遗址上复建长干寺。长干原为巷名，借指南京，可能因为名字中有个"长"，长干寺很长寿，地位也非常显赫。

唐时，长干寺曾经供奉了唐廷获得的佛顶舍利，此舍利原本由阿育王转供于印度西北那竭国。宋端拱元年（988年），僧人可政到陕西终南山，看到紫阁寺塔颓寺荒，玄奘顶骨无人看护，将玄奘的顶骨舍利迎请到了南京长干寺供奉，并在长干寺东冈建塔，以安置玄奘三藏顶骨舍利。先后供奉佛顶舍利和三藏顶骨舍利，足见长干寺地位之高。

天禧二年（1018年），重修后的长干寺改称天禧寺，寺塔易名"圣感舍利塔"。元朝至元二十五年（1288年），元世祖忽必烈下诏，将天禧寺改名为"元兴慈恩旌忠教寺"，改塔名为"慈恩塔"。元文宗在继位前所居怀王府就在天禧寺附近，他即位后不仅将自己的观音佛像供奉在寺内，还经常直接从国库中拨款用作该寺的维修费用。

明永乐六年（1408年），天禧寺毁于战火。永乐十年（1412年），朱棣开始重新修建毁于战火的天禧寺，并取名为报恩寺，意为报答父母的养育之恩。

此后大报恩寺于太平天国年间毁于战火。关于大报恩寺被毁的原因和具体时间，学界原有争论。据郭廷以先生的《太平天国史事日志》和内乱时在华外国人的记载，报恩寺于咸丰六年（1856年）被毁。在太平军内讧期间，北王韦昌辉为防止翼王石达开站在塔上俯瞰城中进而放炮，他下令将塔炸毁，当时南京城内就有童谣"宝塔折，自相杀"流传。

如今，大报恩寺和琉璃宝塔没有再次重建，曾经琉璃塔的光辉灿烂只能依托于文字、图画、琉璃塔的模仿者，存在于想象中了。

大报恩寺遗址公园中矗立着一座新塔，它继承了"报恩"之名，称为"大报恩塔"。但为了保护地宫，也避免历史信息的混乱，琉璃塔没有按照原样复建，而是以轻质钢架玻璃保护塔的形式重现。每个人都想目睹琉璃塔的伟大，但文物保护工作不能简单地要求"重现"。在我们的时代，用现代的技术和现代的材料去展现当今的风貌，用最大的诚意去还原一座伟大建筑应有的建筑地位与历史地位，才是一个正确的态度。

至于琉璃塔究竟有多美，我们只能从外国人对它的追捧和模仿中去想象，从它风靡世界百年而不减的余韵中去领会。它重重面纱后的真正倾城容貌，就留在古人的眼睛里吧。

安徒生曾经在《天国花园》中提到，东风告诉他的风妈妈："我刚从中国回来……我在瓷塔周围跳了一阵舞，把所有的钟都弄得叮当叮当地响起来！"瓷塔即是大报恩寺琉璃塔。童话生动地诠释了大报恩寺之美，以及西方人眼中琉璃塔作为"中国代名词"的地位。东风自琉璃塔吹起，代表着东方的美学和技艺，至今在西方世界流转不息，激荡着人们对神秘东方的向往。

历史上真实的接头暗号都什么样？

文：潘雨晨

自新冠疫情暴发以来，为了抵御病毒的传播，最大程度降低不必要的人口流动，有些小区在入口处都会有保卫人员"盘问"出入口令，而且这些口令隔几天就会一换。

而在接收快递时，人们也会尽量避免近距离接触，收件人与快递员也产生了如下对话：

"货到了？"

"老地方，小区东门。"

"我看见你了，放下东西，你走吧。"

网友们称，如今进出家门和拿快递都要接头暗号了，真像以前的特务接头。

话说回来，接头暗号真的像影视剧里一样神秘莫测吗？接头暗号这样的密语又是怎么发展起来的？

古代接头暗号：暗语和源流

接头暗号，就是彼此间用声音、动作等特殊方式约定的联系时的暗号，用来识别、确认自己人，进而展开下一步行动。接头暗号的历史由来已久，其产生与军事活动密切相关，最早可以追溯到春秋时期。

《左传·宣公十二年》记载了一件事，楚国大夫申叔展与萧国大夫还无社有旧交，鲁宣公十二年（前597年）冬，楚伐萧，两军对垒。萧国将被攻破。还无社对楚国大夫司马卯说，让他把申叔展叫出来。

申叔展问道："有麦曲吗？"还无社答："没有。"

申叔展再问："有山鞠穷吗？"还无社仍答："没有。"

由于两种作物都是御寒之物，申叔展进一步问："那如果受凉得病怎么办？"还无社明白了，回答："那只能从枯井里救人了。"

申叔展见还无社听懂了暗语，很欣喜，回应道："用茅草编成绳放在井上，听到哭声就是我。"

第二天，萧国被攻破，申叔展找到一口有茅草绳的枯井，便到井边号哭，还无社应声而出。

申叔展与还无社的接头暗号更像是一种暗语，在环境受限的情况下传递信息，将所要表达的内容换了一种说法，冬天询问对方是否有御寒之物，其实是问是否有自保的方法，而看对方未解，申叔展进而再问如果这些都没有，受凉可怎么办，而这时还无社明白御寒就是自救，约定了"茅绳哭井"作为加密内容，最终获救。

加密的暗语自春秋开始，广受军队青睐，为了防止细作对军营进行刺探，军队驻扎后也采用口令的形式，由哨兵确认军队中的己方士兵，因此口令是极为机密的，也正是因此，口令经常更换，鲜有记载。

除了军事行动以外，接头暗号也应用于民间。分布广泛的秘密结社、商帮团体、地域性的社会集团出于维护自身行业利益的需要，发展出了成熟的行业密语，也被称为行话、切口、黑话，形成了特殊的语言符号，而本团体的人为了寻求保护或寻找同行，在见面时会使用行业内的接头暗号。暗语随着商业的繁荣而迅速发展，其发源于先秦，发达于唐宋，盛行于明清，最终形成了庞大而复杂的语言体系，而接头暗号正是这个语言体系对外最初的表现。

江湖接头暗号：春典与调侃儿

接头暗号为代表的暗语体系发展到近代，被称为"春典"。

春典，又称唇点，是走江湖的人不轻易外传的暗语。春典体系庞大，不下万言，其词汇涵盖生活、情感、生意、思想等各个方面，只有拜师才能传授，不知春典，寸步难行，也正因此，有"宁舍十两金，不舍一句春"之说。春典中，走叫"窍"，跑叫"扯活"，喝酒叫"抿山"，笔叫"戳子"，裤子叫"登空子"，大褂儿叫"通天洒"……春典包罗万象，地域与行业不同，词语会有出入，但普遍都能明白。如果歹人用春典作恶，将会极为隐秘，两个人贩子用春典接头后，可以说着春典，当着被害人的面把价钱谈好卖掉。但一般来说，春典更多的是江湖人保护利益和生命的接头暗号。

江湖人见面，为探求对方是否也是江湖中人，要与对方接头，使用春典中的词句与对方套话，称之为"调（diào）侃儿"，对方使用春典回答，便是接上了头，做事就会顺利。

"调侃儿"的第一句经常是互道辛苦，因此有"见面道辛苦，必定是江湖"的俗语。据孙福海记述，马三立到济南演出，要和变戏法的艺人借地方，就用春典与其"调侃儿"。马三立与戏法艺人互道辛苦，确定了对方是江湖中人，接上了头，便用春典交谈："我们哥俩从天津过来，是团春（说相声的）的，这几天念啃（吃不上饭），您能否赏个穴（借个地方）？"

对方马上明白，不仅借给马三立一块地方，还帮助其招徕观众，一时观者如堵。散场后，戏法艺人没走，称赞马三立"活儿使得不错，尖局（表演得好）"。

马三立回应："谢谢您，您让的地方好，粘子（观众）也好。"

使用春典作为接头暗号和暗语，不仅可以获利，也能自保。说书艺人在表演时，看到台下有小偷扒窃听众钱包，如果管，场子就会乱，小偷也会记恨艺人；不管，观众散场时发现失窃，也会乱作一团，书场无法收钱。因此，说书艺人会在表演中与小偷"接头"，暗号就是在说书的适当时机加入春典，比如："荣点（小偷），让杵门子！（别挡着我挣钱！）"

春典中，小偷称为"老荣"或"荣点"，挣不到钱称为"治不了杵"，台下的小偷若有师门，懂得春典，便接上了台上艺人的"暗号"，会停手作罢。说书人既保护了自己不受小偷伤害，又能保住观众的钱财不受损失。

中华人民共和国成立后，社会不再黑暗，江湖人也可以安定下来，不用把春典作为自保的手段了，师徒之间也尽量不再传授春典，加上诸如拉洋片、卖药糖这些行业的消亡，春典的语言体系也逐渐萎缩，但还是有大量春典流入社会，像"走穴"这句春典，就成为百姓口中的一般词语。

特工接头暗号：朴实而正常

江湖中使用春典作为接头暗号，但更多的接头暗号则出现在特工接头之间。现在人们一想到接头暗号，往往是谍战剧中的场景，一个人紧张地原地等待，另一个人眼看别处却缓缓走近，说出不明所以却看似正常的接头暗号，而后用相似的内容进行回应，来往几个回合，确定了身份，两个人要么交换情报，要么移步别处，特工接头的场景让观众看得紧张刺激。

但真实的特工接头真的是如此吗？我们来看一段真实的特工街头对话——

"老田没来吗？"

"常来。"

"他还卖菜吗？"

"对啦！"

"您领我去看看他？"

"有事吗？"

"请他看电影！"

"好吧。"

人们看到上述对话，一定以为是路上两个老友在随意地拉家常，其实，这几句朴实而正常的对答大有来历。这是1948年国民党保密局北平站设计的潜伏北平的特务的接头暗号,这份文件标注为《交通员联络办法》。

接头的两位国民党特务,一个是保密局的局派员尹雨辰,用谐音化名田雨春,另一个名叫王世明,住在北平东四隆福寺大街118号。文件标注两人一见面,先要"互道名字,以左手拉左手"。随后由尹先提问,再由王回答,一问一答四次,确定无误后,接头才算成功。

这套接头暗号的设计者是时任国民党保密局北平站站长的王蒲臣。国民党败逃中国台湾多年后,王蒲臣将包括这份文件在内的454页秘密文件交给了自己的"老东家"国民党军事情报局。由此可以看出,真实历史中特工的接头暗号非常朴实,没有诗意的暗号,没有奇怪的动作,正常得如同叙旧。这也是特工接头暗号的性质所决定的。

特工使用接头暗号,最怕的是引起周围人的注意,被盘问乃至逮捕,接头暴露的原因通常是细节的忽略。然而隐蔽战线名将陈赓曾经在一位同志被盘问的情况下与其成功接头,并将其安全带走。

1927年,大革命失败,上海陷入白色恐怖,潜伏在上海的共产党员面临极大危险。陈赓当时已从苏联情报工作部门学成归来,因负伤在上海养病,周恩来反复斟酌后,决定由陈赓坐镇上海中央特科情报科。1928年,陈赓临危受命,负责联络、安插潜伏人员并搜集情报。陈赓化名王庸,广泛结交三教九流,甚至可以随意出入租界工部局巡捕房,这为工作带来极大便利。

1928年5月的一个夜晚,陈赓路过地下党秘密联络点夏令匹克大戏院。

他看到警探拦住一个人仔细盘问,这个人就是后来的东北抗日联军缔造者之一的周保中。周保中证件齐全,却因为浓重的云南乡音被盘问得有些紧张,引起警探怀疑。陈赓不认识周保中,但知道今日戏院有人接头，便大胆地使用接头暗号试探周保中："喂，张警长，今天的戏真叫座，明天还来看戏吗？"

周保中听出这是当天接头时其中一方用的暗语，马上开始思考如何既能应对警探盘问，还能对上接头暗号——"不！明天我要到大世界去！"

为了不让警探生疑，周保中接话道："我是云南楚雄人，来上海卖艺求生……"然后佯装有飞虫入嘴，"噗噗噗"地吐口水，巧妙地强调了接头暗号中的"不"字，接着很自然地应对警探："我是来卖艺的，也就是变魔术的，先生要不相信，明天我到大世界去，露两手给各位看看……"

周保中特意将"到大世界去"说得极为响亮，同时手上变了个漂亮的魔术戏法。中央特科经常对情报人员进行魔术培训用来进行掩护，陈赓更加确定了周保中的身份，快步上前解围："啊！这位大哥技艺超群，我舍下有一小侄酷爱这技艺，如若不嫌弃，明天可否登门赐教？"

警探认识陈赓，便将这位"戏法艺人"放走了。

陈赓在接头人被盘问的情况下肯定了他的身份，在敌人眼皮底下对上了接头暗号，并成功地带其逃脱，中央特科在上海工作的成功可见一斑。

影视接头暗号：考究与夸张

影视剧中的接头暗号是凸显编剧才华的重要内容，不论中外，特工对答接头暗号的部分永远扣人心弦。有些优秀谍战剧接头暗号的设计考究，充分考虑了接头环境、时代背景、人物个性，也有些接头暗号过于浪漫，对应简单，难以保证接头的顺利。

谍战剧中，接头暗号一般都在茶馆、饭庄这样便于交谈的地点，因此接头暗号的设计要依据环境制订。电视剧《亮剑》中，独立团团长李云龙和警卫员魏大勇去县城街边小摊跟线人接头，暗号也和吃饭相关。

"老总，要醋吗？"

"要，不吃醋还算是老西儿吗？"

"那您是要米醋还是熏醋？"

"我只认老陈醋。"

这套接头暗号的设计贴合了环境，而接头人员的第一句回答很可能会普遍出现，因此设计了询问醋的种类，一个二选一的提问，却得出了第三种答案，这就会出乎一般人的思维逻辑，使得暗号具有唯一性。

经典谍战剧《潜伏》贡献了大量经典台词，其中也有多个接头暗号。余则成与人对暗号时便以书做文章：

"有汇文版的《朱子家训》吗？"

"有，不过不是单刊，是和《增广贤文》合本的。"

"民国版的，还是清版的？"

"都有，您要哪个版的？"

接头暗号的设计还要具有唯一性，如果暗号设计过于平常，是人就会，很可能会导致接头失败。经典谍战电影《黑三角》是很多人的童年噩梦，敌特凌厉的眼神吓哭了不知多少小朋友，电影放映后，人们看卖冰棍的都像敌特。电影中敌特的接头暗号是"曲径通幽处""禅房花木深"，这句广为人知的唐诗如果是个古诗文爱好者一定能答对，暗号在设计上过于普遍而诗意，难以保证接头的成功率。

根据曲波小说《林海雪原》改编的电影、戏剧层出不穷，杨子荣深入敌穴与座山雕的大段土匪黑话还遗留有春典半文半白的痕迹，"天王盖地虎""宝塔镇河妖"火遍全国。大段的接头暗号中还要有特殊的土匪暗号手势进行配合，土匪又要考验杨子荣的随机应变能力，使得接头暗号深入人心。

南斯拉夫电影《瓦尔特保卫萨拉热窝》中的接头暗号浪漫与严谨并存。

"空气在颤抖，仿佛天空在燃烧。"

"是啊，暴风雨就要来了。"

这句接头暗号非常诗意，很难说不引起旁人注意，然而在电影中，它确实预兆着一场大规模的行动在萨拉热窝酝酿。另一段接头暗号更切合实际：

"我要放大一张我表妹的照片。"

"有底片吗？"

"有。"

接头地点在照相馆，符合场景也不失浪漫。

当然，除了严肃题材外，喜剧题材的谍战故事片会将接头暗号设计为引人发笑的桥段。法国二战电影《虎口脱险》中，为了与空军飞行员接头，几个法国百姓误打误撞进入土耳其浴室，逢人便唱接头暗号的歌曲《鸳鸯茶》，如此危险的接头加上演员夸张的表演，使得"鸳鸯茶，鸳鸯茶，你和我，我和你"成为传唱度最高的接头暗号。

经典的接头暗号成为影视剧代名词，人们有时甚至会忘记电影的名字和情节，但不会忘记接头暗号。

"你是谁？"

"我是我。"

"压着腕儿。"

"闭着火。"

接头暗号的简短有趣，使得它们在一代又一代人的心头上回响。

生活接头暗号：亚文化解构

生活中，接头暗号又有了新的用处，成为识别特定文化圈子的重要标准，尤其是亚文化圈子中，接头暗号被解构，赋予新的含义，成员间以接头暗号玩哏。

其中有想抄作业又不敢明说的学生间的暗语——

"货带了吗？"

"大哥，最近风声紧……"

"少废话，快交出来！"

玩哔哩哔哩鬼畜圈的朋友对此也不会陌生——

"来者可是……"

"诸葛孔明！"

还有学霸的暗号标签——

"奇变偶不变"

"符号看象限"

渐渐地，接头暗号取材逐渐宽泛：经典小品台词、热血动漫独白，乃至一些洗脑广告都成了接头暗号。

特定的暗号也成为网络游戏里寻找本国队友的标准。游戏限制了打字时间，因此，寻人暗号必须简洁，经典的接头暗号在电脑屏幕中被重构，在不使用中文、不引起外国网友注意的情况下，对出暗号成了"是否是国人的标准"。

接头暗号诞生于战争年代，在影视作品中为人熟知，如今，全国人民面对疫情，接头暗号再次使用起来。当然，这一次，我们虽然没有亲临隐蔽战线，但也身处没有硝烟的战场，希望我们离放弃使用接头暗号的日子越来越近！

清朝高考作文都考啥？

文：庚沅

一年一度的高考落幕后，高考作文都会刷屏，无论是"人工智能大背景下呼吁人们热爱劳动""五四运动一百周年感言"，还是"你们再看看书，我再看看你们"等，恐怕会是许多人一生中最重要的一篇文章。

不过要说难，晚清"考生"估计会微微一笑，绝不认输。因为这些题在科举考试面前绝对是"小巫见大巫"了。

铁打的时务，流水的考生

自鸦片战争起，中英关系问题在整个清末就变得极度敏感，当英军在中印边境有所行动时,清政府便紧紧盯着西藏。1892年,25岁的蔡元培被点为翰林院庶吉士,他遇到的殿试题目就是《西藏的地理位置》,这位后来的北大校长洋洋洒洒写了一大篇,最后名列二甲三十四名。

还有个逸事,出处不可考,拿出来纯粹是因为好玩。

戊戌变法后,湖广总督张之洞考策论时,任性地出了一道题目《项羽拿破轮论》(当时的翻译就是这个"拿破轮")。当时的考生,无人不了解项羽,但哪知道拿破仑,所以答案可以说是洋相百出:

"想那西楚霸王项羽,其为人也,力能举鼎,气盖山河,乃拿一破轮,尚何足道也哉!"

"项王战垓,敌迫之紧,后围不得出,戟折矢断,遂手拿破轮,连击杀追敌数十人,突围至乌江。"

除了以上的历史"发明家",还有能从这子虚乌有的故事里强行拔高中心思想的,看看像不像我们小时候写的作文?

"夫项羽力能拔山,岂一破轮而不能拿夫?"接着便论证说:"夫车轮已破,其量必轻,一凡夫即能拿之,安用项羽?以项羽而拿破轮是大材小用,英雄无用武之地,其力难施,其效不著,岂非知人善用之举哉……"

更有甚者写道:

"项羽者,盖世之雄也,安可拿破轮!"

考考价值观？

韩愈提倡文以载道，在诸多读书人心中，这也是一个崇高的使命。科举考试当然不能少了对价值观的考察。

考生对四书五经可以说熟稔于心。多数情况下，他们一看见考题，大概就会猜到考官想问什么，但下面这个题目可不是这么回事，乍一看还真不知道在问什么，还以为考数学呢，这个题目就是"二"。

单说《论语》，这"二"就出现了不下十次，这可问的是什么？出处在这儿——

哀公问于有若曰："年饥，用不足，如之何？"

有若对曰："盍彻乎？"

曰："二，吾犹不足，如之何其彻也？"

对曰："百姓足，君孰与不足？百姓不足，君孰与足？"

题目的意思是，鲁哀公问国家财政不足怎么办，有若回答说可以减税到十分之一。哀公说："十分之二的税尚且不够用，怎么还减税？"有若回答说："百姓富有君主怎么会不富？百姓贫穷君主如何富？"

这题体现了民本思想，是一道讨论治国理政的题目。论语全篇，就这一个"二"是独立断句，怎么样，服不服？能答上这题的绝对是牛人。

这样的牛人还真有，名叫顾虬，也叫许虬，字竹隐，顺治十五年（1658年）进士。此人可谓八股高手，对着这个奇葩题目写下雄文一篇，来品一品：

"惟二可免于告匮，故昔人变法而不辞。惟二仅免于丰年，故今日跻踬而有待。"

"以为二之取下未奢，为君父者岂不轸民情；以为二之取下过多，为臣子者又当相国势。"

这第一句的意思是说，只有收税二成才免于无钱可用，所以古人不惜变法；免税不收二成，只能在丰年实施，所以现在还存有疑虑。第二句讲的是，虽然君主认为收税二成不过分，但也不会不体察民情，而作为臣子，认为收税二成过多，也多是为国势考虑。

虽说是驳论文，但也正确理解了题意，可谓扣题严谨，格律工整。后来这篇文章还被其好友，大才子金圣叹收录在自己的点评集《小题才子书》中，称其"语语入情""可谓妙舌"。

再说个奇葩的。曾经科举落第的洪秀全，在建立太平天国后依然重视科举，年年都要举办科考。

了解这段历史的可能知道，太平天国有个爱好就是封王，前后封王有数千人之多。不过有几位地位最为显要，比如天王洪秀全，东王杨秀清等。太平天国会在这几位大王的生日举办"天试""东试""北试""翼试"，可谓推陈出新。

太平天国搞科举，不光形式上不同，内容上也和清廷大相径庭。太平天国是以宗教"拜上帝教"起家壮大的，其科举试题也没有脱离这个传统，比如"上帝权能灭诸妖""一统山河乐太平"。

这样的题目对饱读诗书的文人来说是不可理喻的，所以，来参加天国科考的人普遍学问不高，据说只要填满试卷就能中举，菜农都可以通过考试一登天子堂。

不过，太平天国也有进步之处，他们主张男女平等，为女子设立了女科，大批女子得以参加科考。

不过第一次开考女科时，还是闹出了笑话。问题出在考题上，题旨出自论语中的"惟女子与小人为难养也"。本来是尊重女性的进步举动，结果好像是一场嘲弄。这次科考中，产生了中国历史上第一位女状元傅善祥，不知道当她面对这道考题的时候，心理阴影的面积会有多大。

我是谁？这是啥？

如果你认为上边这些题目你也不在话下，那后边这几道题，就算你熟读四书五经，看到题目估计也会一脸茫然。

咸丰年间，著名学者俞樾给考生出的题目一改常规——"君夫人阳货欲"。

给你十秒钟，想一想这题目是啥意思。

想好了吗？想歪了吗？想歪的自己罚站！

科举发展多年，无外乎四书五经，早都被天下读书人翻得滚瓜烂熟，倒背如流。怎么考才能考出新意呢？考官们搜肠刮肚，想出"拼接""拆分"两大绝技。这"君夫人阳货欲"就是此类杰作。

"君夫人"出自《论语·季氏第十六》，"阳货欲"出自《论语·阳货第十七》，两篇文章做了个混搭，难倒了大批学子，可谓怨声载道，一年后他受到了御史举报，皇帝大怒，他便再也无法出题。

这个坏习惯的开创者是清嘉庆时的河南学政鲍桂星。为了刁难考生，他想出了"驱虎""及其广大草""见牛""礼云玉""十尺汤""七十里子"等题目，真是不知所云。

后来，有人针锋相对地写诗讽刺他，如"一目如何能四顾，本来孟子说难通""没头没脚信难题，七十提封一望迷"。说这题目七拼八凑，没头没尾，狗屁不通，可以说是非常中肯了。

另外还有一例。陈独秀在他未完成的自传《实庵自传》中提到，他在考试时遇到了"鱼鳖不可胜食也材木"，题目出自《孟子·梁惠王上》，"数罟不入洿池，鱼鳖不可胜食也；斧斤以时入山林，材木不可胜用也"。陈独秀觉得题目不通，于是也用不通的文章来应对，凭着记忆中的《文选》和《康熙字典》中的相关段落拼凑出了一篇文章，没想到竟得了第一，可以说是"天秀"了。

看了这些千奇百怪的清末考题，不知道你有没有想起当年被作文支配的恐惧。

乾隆时代的偶像团体

文：冰粥

电影《进京城》主要刻画的是"徽班进京"这一夺目事件。虽然"徽班进京"只有简简单单的四个字，但它的背后却有说不尽的轰轰烈烈。当年奉旨进京搭台唱戏有多辉煌，被朝廷赶出京师禁唱就有多凄惨。无数人想要还原那时的多维面貌，但总也无法涵盖全面。其实，在看故事之前我们有必要多了解一下"徽班"，他们在进京城之前是怎样的，又具备哪些"出道"的特点？

强大的出资人

"徽班"因为一个"徽"字，往往容易被理解为"徽人的戏班"

或"徽州的戏班",但历史有时没那么直白,名字很可能带着许多复杂性。"徽班"为什么被称为"徽班"目前还没有一个明确的说法,但大家通常认为应和大名鼎鼎的徽商有关。

提起徽商,我们能想到在乾隆下江南时迎銮接驾的富商江春,能记起被赏穿黄马褂的红顶商人胡雪岩,知道徽商走南闯北,富可敌国。

这群生在古徽州府(歙县、休宁县、婺源县、祁门县、黟县、绩溪县)的商人,据说早在东晋时就开始进行商业活动,到明朝成化、弘治年间渐渐形成商帮集团。明清时期,徽商势力蓬勃壮大,一度与晋商齐名,甚至在扬州、杭州等地超过晋商,占据了经济上的垄断地位。

财大气粗,也不能恃"财"傲物,还要学会保护。徽商们积极靠近政治力量来维护自己的经济实力,他们与扬州盐政、江南织造还有各级地方官吏交好,不仅在地方有难时慷慨相助、赈灾解难,还会出资组织戏班,支持当地文化娱乐事业,也借这样的机会同各方人物打交道。

因为财力雄厚,徽商的戏班规模也比较大,往往有几十人甚至几百人,而且有些商人自身的戏曲修养也很高,一定要挖名角才可以,反正不差钱。比如称得上著名戏曲鉴赏家的江春就不惜用重金聘名伶,李斗《扬州画舫录》记载:"四川魏三儿,号长生,年四十。来郡城,投江鹤亭,演戏一出,赠以千金。"他家中常常"曲剧三四部,同日分亭馆宴客,客至以数百计",热闹非凡。

起初,徽商组建的这些戏班也没有定什么名字,但影响大了,久而久之,人们便习惯把这些戏班叫作"徽班"。冠上"徽"名就仿佛贴上了金字招牌,戏班何乐而不为呢?

不过这些艺人并不都是安徽的。万历年间的文人冯梦祯在《快雪堂集》记载："赴吴文倩之席，邀文仲作主，文江陪。吴徽州班演《义侠记》，旦张三者，新自粤中回，绝伎也。"这里所说的"吴徽州班"指的是徽商吴文倩的家班，但演员却来自广东。那清代是怎样的呢？嘉庆八年（1803年）成书的《日下看花记》里记载四喜、三庆、春台、和春等徽班里，有籍贯说明的有49人，其中有23个江苏人，20个安徽人，4个北京人，1个河北人和1个天津人。嘉庆十五年（1810年），留春阁小史著的《听春新咏》里也有关于徽班人员的籍贯说明：54人中扬州32人，安徽9人，苏州7人，北京、湖北各2人，湖南、直隶各1人。可见，清代徽班的戏班人员也不都以安徽人为主，反而大多来自江苏、扬州等地，还有河北等北方城市。

所以，徽商是徽班最强大的出资人，也是"徽班"之"徽"的重要因由。

天生就有明星潜质

成为一个戏曲流派的徽班一定有自己独特的曲调，我们知道主要是"二簧腔"。它是产生于徽州的曲调吗？

现藏于安徽省博物馆的嘉庆刻本《徽郡风化将颓宜禁说》由徽州人汪必昌撰写，其中说道：

> 乾隆廿六七年，安庆班之入徽也，……予在内廷宫值，窃窥南府、景山两处，教习高、昆二腔，讲曲文，究音调，辨字眼，言关目，忠孝节义之剧，尽善尽美，未闻乱谈。谁识徽处山僻，

放浪形骸，竟容乱谈以伤风化！尤可恶者，昔年逐出徽境之班，到处不称安庆、石牌，而曰徽班。岂我徽郡礼义之邦，而出此禽兽演串不肖之剧哉！

文中的意思大概是，乾隆年间安庆石牌有一群唱戏的很可恶，本来徽州人都听高雅优美、健康向上的昆曲，可自打他们来到徽州，好家伙，民风都被他们带偏了，而且被赶走之后竟还公然蹭徽班的名气，自称徽班，更叫人气不打一处来。

这里的"安庆石牌"和"乱谈"要标上高光。

上天仿佛专门赋予徽班做"明星"的实力。"安庆石牌"在安庆府怀宁县，这里地处鄂、皖、苏的交会中心，有机会接触到各种地方戏曲，同时也是个曲艺人才辈出的地方，当地人讲"无石不成班"。

比方说高朗亭，他生于安徽安庆，自幼便随戏班一起去扬州、杭州等地演戏，人们后来说的"四大徽班"，有三庆班、四喜班、和春班、春台班，而他就是三庆班的掌班。李斗的《扬州画舫录》记载："高朗亭入京师，以安庆花部合京、秦两腔，名其班曰三庆。"

安庆石牌最有名的是二簧调，它是一种复合声腔，关于二簧调的缘起流变可以洋洋洒洒写上数千言，我们简明扼要、通俗易懂地讲就是：安庆石牌二簧调广泛吸收了昆腔、梆子等各种声腔，语音也比较"侉"（kuǎ，怪异），整体来看杂而不正、不纯。在清代，人们把二簧调、京腔、秦腔、罗罗腔等所有地方戏统称为花部，也叫乱弹。

这样我们大概就清楚徽班的基本曲调二簧腔源于安庆石牌二簧调，属于花部之列，并不出自徽州。正如嘉庆安徽泾县人包世臣在《都剧赋》中所说："徽班映丽，始自石牌。"

这里关于乱弹还要再多说一些。

与乱弹诸腔（花部）相对的是雅部。传统戏曲由于种类较多，过于驳杂，清代便将其划分为雅、花两部。雅部即昆曲，被认为是雅正之声。典雅且迤逦的昆腔受到王室喜爱，为士大夫所推崇，曲中传达的"忠贤孝节义"能起到一定的教化作用。

花部的声腔都杂而不纯，多为野调俗曲，内容和昆曲相比真是粗鄙陋俗，有些还涉及暴力、煽动和色情内容，所以长期受上层社会歧视，为士大夫所不齿，也别想登大雅之堂。这就能理解上述文段里，作为御医的体面人汪必昌多么厌恶败坏徽州风气的安庆乱弹了。

我是我的经纪人

雅部与花部的戏曲本来井水不犯河水，各有拥趸。雅部规矩严格，花部乱弹则随行就市，不断吸收昆曲的优点，所以，就算花部不受上层人士待见，喜欢它的人还是越来越多。

乾隆皇帝是个戏迷，而且花雅兼收、昆乱不挡。各省督抚纷纷在本省搜罗本地优秀戏曲人才进京献艺，于是南腔北调、八方之乐齐聚京城。

乾隆四十四年（1779年），秦腔艺人魏长生进京。魏长生长相俊美，声音甜润，善演旦角，京剧中旦角演员使用的贴片子等化妆术就是从他开始广泛使用的。魏长生在戏台上放得开，经常有搭肩露背的粉段，极具视觉刺激，在京城引发一场"魏旋风"。

清廷因为魏长生有伤风化，将其驱逐出京，连带砸了不少秦腔艺人的饭碗，为了生计，这些人纷纷搭入京城中兴盛的徽班。

其实徽班原本就不只有二簧调。《日下看花记》说它"联络五方之音，合为一致"。它从来都是诸腔杂奏，花、雅共有，不仅吸收兄弟剧种的曲调，表演二簧、乱弹诸腔剧目，还很擅长昆曲。《乾隆三十九年春台班戏目》里就记载，春台班有《荆钗记》《牡丹亭》《长生殿》《琵琶记》《劝农》等十多部昆腔剧目，丰富多彩，包容并蓄。

这一方面源于上述安庆石牌的人杰地灵，另一方面也与徽商开放的格局有关，江春就很喜欢让不同声腔同台互补，再博采众长。

徽班从一开始就有一个很好的定位，他们接纳各地艺人同台表演，在声腔上吸收昆腔、梆子、秦腔、京腔等地方曲调，打造出一种戏路灵活、雅俗共赏的特点，这种开放和多样意味着生命力，无须别人费力包装，自己就能造出声势。

徽班走到哪里，哪里就有挥舞的双手。

老百姓喜爱乱弹营造的热闹氛围，他们想看传奇，看打斗，看贴近生活的东西。徽班艺人用浅显易懂的唱词，高亢激烈的曲调讲百姓喜闻乐见的故事，徽班所到之处"各村拥挤"，"人爱看，众乐观"。清丽雅致的昆曲能满足士大夫阶层的审美，徽班艺人的吐字、身段并不亚于吴门子弟，他们在一板一眼中尽显水平，令宾客陶醉在轻歌曼舞中。

接任高朗亭成为三庆班班主的程长庚就是个大明星，他也是电影《进京城》的人物原型。

他虽坐徽班，但也学过昆曲，在唱腔上兼收了昆腔及山陕等乱弹诸腔的优点，融汇成"皮黄调"。他的嗓音与唱法更是当时的梨园一绝，唱起来时，如长江大河，一泻千里，奔腾向前，旋律质朴，没有多少曲弯之处，直腔直调，沉雄爽朗，令听者听罢回肠荡气，油然起敬慕之心。倦游逸叟在《梨园旧话》中说程长庚"乱弹唱乙字调，穿云裂石，余音绕梁，而高亢之中又别具沉雄之致"。

程长庚演关公与旁人不同，他在开脸之际，是以胭脂均匀涂面以体现关公的重枣面色，在额头中间，用两指夹出一条血道。程长庚表演《战长沙》时，举起关公的青龙偃月刀并不耍刀花，而是举刀直劈直砍，威武严肃，气场十足。当时有朝中高官观看，可能是心里有鬼，程长庚双眉一竖，长髯微扬，一刀劈下去，犹如关公再世，这位官员震怖而病。

成名的程长庚当然有本事立自己的规矩。据说，他演出时不允许别人叫好，认为那是对艺术的不尊重，即使给皇帝演戏，也会事先约定"上呼则奴止，勿罪也"。戏子给皇帝立规矩还是头一回，皇帝听罢大笑着答应了，所以程长庚演戏四座寂静，洗耳倾听。

徽商的财力支持，让徽班行走江湖可以无忧无虑，再加上善于吸收，昆乱不挡，使徽班无论在安徽、江浙、云贵，还是在京城都有众多戏迷。于大江南北一展风流的徽班，亦能在进京后力压群芳独占鳌头，而那时，又是另一番天地了。

从蛇妖到女神：白娘子如何成为爱情化身的？

文：南洛

吃人心肝的蛇精美妇

在白蛇故事成形之前，白蛇大多是聊斋式的恐怖妖怪。蛇妖空有人形皮囊，却没有人类的善良爱人之心。

唐传奇《李黄》就有美女蛇妖以色相诱惑凡人交合的情节。写陇西官宦子弟李黄在长安东市被一白衣美女引诱，与她同居数日后，回到家中身体化成一摊水，只有头还在。李家人找到那白衣女子住处，发现只是一个空园子，听人说"往往有巨白蛇在树下，更无别物"。

这个令人毛骨悚然的蛇妖害人故事，被认为是后世《白蛇传》的原型。白蛇已经幻化成女神般的美人，只不过这个白娘子没有爱，是个惑人吃人的妖怪。青蛇已经有了，不过不是小青，是老青。

宋代话本《西湖三塔记》将地点换到了西湖，讲书生奚宣赞游玩，途中救回一迷路女孩卯奴。十余日后，有一婆婆来寻回卯奴，并请奚宣赞到家答谢。到了这家后，一白衣美妇当晚就强嫁于奚宣赞，之后还要吃他心肝下酒，幸亏卯奴念旧恩搭救。后奚宣赞的叔叔奚真人作法，将婆婆、卯奴、白衣妇人捉获，三怪现形，分别是獭、乌鸡、白蛇。奚真人造了三个石塔，将三怪镇于西湖石塔内。宋元话本里的白蛇虽美丽，但仍是吃人的妖怪，只有乌鸡妖卯奴还算有情有义。

"情教"教主冯梦龙

真正使白蛇从淫荡吃人的妖怪变成受人同情的白娘子，要归功于明代的文学大家冯梦龙。出生于明万历年间的冯梦龙，一生留下了很多话本和传奇，最有名要数"三言"系列，他出生时，与大明王朝平行的西方世界正值文艺复兴时期，人们普遍反对神性，提倡人性，追求现实生活中的幸福。大明王朝也与之遥相呼应，有汤显祖、袁宏道等一批文人冲破理教对人性的束缚，希望发乎天然的"情"能够超越理教、门第甚至人神的界限，就像《牡丹亭》里的杜丽娘一样。冯梦龙更有情教教主之称，怒沉百宝箱的"杜十娘"就是他笔下的人物，一向被人轻贱的妓女成了有情有义敢爱敢恨的勇敢女性。这个人物的魅力超群，到了20世纪90年代大陆露天卡拉OK还有大婶们一边跳健身舞一边高唱"十娘我给你做面汤"，这大概是冯梦龙做梦都想不到的。

白蛇故事在冯梦龙的《白娘子永镇雷峰塔》中有了一个彻底的转

变。白娘子不但貌美，心灵也美，不害人性命，反而一往情深，赠银子、买新衣，经营小店过日子，想与许宣一起快乐地生活。对于和尚道士的干涉，白娘子也只是玩点小法术戏弄他们一番。

明代强调理教和妇德，到处都不缺"存天理，灭人欲"的"法海式"道德警察，因此冯梦龙也不得不为故事安上一个主旋律尾巴，"我为情痴"的白娘子被法海收服，永镇雷峰塔。在冯梦龙的故事里，白蛇已经被收入法海钵内仍不愿在许宣面前现出蛇形，还要为无辜的小青求情，直到被迫现出原形，即将被带走，仍"兀自昂头看着许宣"。白娘子、小青（青鱼妖）、许宣、法海等主要人物一一登场，确立了后世白蛇故事的框架。

人间传唱的爱情女神

冯梦龙的话本一出，人们在冯梦龙白蛇传故事的基础上又不断演绎，增加了端午、盗草、水斗、断桥、得第、佛圆等情节，奠定了后世白蛇故事的基调。白蛇贤淑持家，不辞辛劳为人治病，开药店支撑自己的小家庭。为了使丈夫高兴，明知是雄黄酒也勉强喝下去。她为救丈夫差点丢了性命，冒险上仙山盗灵芝草；她为从法海手中夺回丈夫，不惜水漫金山，以有孕之身与法海以死相拼；她既是贤妻又是良母，被金钵罩住后，不是想到自己的安危，而是为刚生下便离开娘的儿子担忧，流着眼泪为儿子喂了最后一口奶。青蛇性情耿介，忠心护主，又行侠仗义，疾恶如仇，与主人白蛇同生共死，对敌人绝不屈服。

这些美德在中国老百姓心里很有杀伤力。贤淑、弱势的白娘子的遭遇击中无数妇女的泪腺，于是蛇妖白娘子与高僧法海在人间的情感天平上逐渐换了位置。西湖边上的雷峰塔不再是妖孽的墓志铭，而成为为爱抗争的纪念碑。江南妇孺皆知，高高矗立的雷峰塔，是为了镇压一个女子的爱情。

白娘子的侍从小青，近朱者赤，也是情种。在台湾歌仔戏中，小青还曾当面向白素贞提出有酒共饮，要求同嫁许仙。白素贞回答"你今不必再疑心，吃醋争风我没兴，偏房他若肯应承，任你同床我较清静"。后来因为白素贞违背当初诺言，小青怒而出走，迷幻了年轻公子顾锦云。电视剧《新白娘子传奇》里也保留了这一段情节，小青爱上了张公子，为了不伤害张公子又不得不忍痛分手。在徐克导演、李碧华编剧的电影《青蛇》中，小青更变成了爱情"实习生"，在用情中学习如何"做人"。

真实的法海禅师

白蛇故事当中的白娘子和小青是虚构的，但是法海确有其人，龚琳娜演唱《法海你不懂爱》还曾因此被佛教人士抗议。

据佛教明贤法师介绍，法海禅师原是唐朝宰相裴休的独生子，考取翰林以后，拜当时湖南沩仰宗的开山祖师——沩山灵祐禅师为剃度师，得法名"法海"，后受师命往江苏方向弘法，到达镇江金山，据说他有驱除蟒蛇之功，并因其他功德获得地方信众的大力维护，始建金山江天禅寺。

不似真实的法海那般禅修，冯梦龙笔下的法海背驮衣钵，手提禅杖，一副金刚怒目的样子，倒有几分少林派内功高手的架势。镇住白娘子与小青后，法海还留下四句偈语："西湖水干，江湖不起，雷峰塔倒，白蛇出世"。佛教的偈语包含预言之意，法海这几句堪比"山无棱，江水为竭"的狠话，也几乎是要永镇白娘子于雷峰塔下。如此狠绝，也难怪后世人们同情白娘子了。鲁迅在《论雷峰塔的倒掉》中写道："我的祖母曾经常常对我说，白蛇娘娘就被压在这塔底下……那时我唯一的希望，就是这雷峰塔的倒掉……"

白蛇传的故事到了戏剧家田汉手里，连疑虑、动摇过的许仙也最终懂了爱，在西湖断桥上，即使知道白娘子是蛇妖，仍坚决表示"娘子啊！你纵然是异类我也心不变"，"千熬百炼真金显，娘子深情动地天；青姐但把心头展，许仙永不负婵娟"。

许仙懂了爱，"拯救"许仙的法海就彻底陷入了没事找事的尴尬境地，降妖事业失去了情感上的合法性，于是在老百姓心里就渐渐成了丑角。

正如电影《青蛇》的插曲词作者黄霑所写："留人间几回爱，迎浮生千重变，与有情人做快乐事，未问是劫是缘。"冲破一切阻碍，追求美好爱情是人类的普世价值，这可能才是白蛇故事打动人们的关键，也是白蛇故事演变至今的原因。

今天，白蛇故事已成为民间最脍炙人口的故事之一，还影响了整个中华文化圈，在朝鲜古典戏曲中就有蛇变少女的《仙姬》，越南的戏曲嘲剧中也有《白蛇传》，日本歌舞伎有《蛇妻》和《蛇别》，日本现代小说家林房雄的《白夫人的妖术》等，台湾拍摄的电视剧《新白娘子传奇》更成为白蛇故事的经典版本，长演不息。

孟婆的身世之谜

文：郑昭昕

相传地府中有条河叫"忘川河"，河上有座桥为奈河桥，桥上有个老妇人孟婆在卖孟婆汤，凡过此桥者都要喝一碗孟婆汤，以此来遗忘前世记忆。

孟婆究竟是谁？

"孟婆"这个耳熟能详的神话传说人物，常住在奈河桥边，为前往投胎的亡魂提供孟婆汤，以消除他们前世的记忆。清代王有光所著的《吴下谚联》中有一段相关的生动描绘：

人死去第一处是孟婆庄。诸役卒押从墙外经过，赴内案完结。生前功过，注入轮回册内，转世投胎，仍从此庄行过。有老妪留进，生阶入室，皆朱栏石砌，画栋雕梁，珠帘半捲，玉案中陈。妪呼女孩，屏内步入三姝：孟姜、孟庸、孟戈，皆红裙翠袖，妙常笄，金缕衣，低唤郎君，拂席令之坐。小鬟端茶，三姝纤指捧瓯送至，手镯丁丁然，香气袭人，势难袖手。才接杯便目眩神移，消渴殊甚，不觉一饮而尽。到底有浑泥一匙许，抬眼看时，妪及三姝皆僵立骷髅，花层雕墙，多变成荒郊，生前事一切不能记忆。一经堕地，即是懵懂小孩矣。

人们对孟婆的认识基本上就是知道她掌管亡魂记忆，然而孟婆究竟是谁？她从哪里来？她的身份究竟是什么？关于孟婆的由来，民间一般有三种说法：

民间女子

这是元代非常流行的一种说法，相传孟婆便是孟姜女，昔日孟姜女哭倒长城之后，眼见长城之下尸骸无数，却找不到丈夫的尸骨。为了能忘记这些痛苦万分的记忆，就熬制了能使人忘记记忆的孟婆汤。后来上天念她思夫之情感天动地，就免了她的轮回之苦，让她在奈河桥畔熬制孟婆汤，让参与轮回的阴魂们忘记前世的一切。

幽冥之神

根据清代的《玉历宝钞》所记载，孟婆生于西汉时代，自小研读儒家书籍（然而，其实佛经在东汉才被翻译成汉文）。长大后成日念佛诵经，过去的事情不记，未来的事也不想，一心只思佛法，后来她只知道自己姓孟，人们便叫她孟婆阿奶。孟婆直至81岁仍是处女之身，之后她入山修行一直到东汉时期。当时世间有人能知前世因果，泄露许多天机，因此上天特命孟婆老奶成为幽冥之神。

风神

根据明代作家田艺蘅的《留青日札》所记，他认为《山海经》中有一处提到了孟婆的真实身份："帝女游于江，出入必以风雨自随；以其帝女，故称孟婆。"在后世诸多记载中孟婆都与风有关，比如明代杨慎《词品》中提到，"俗谓风曰孟婆"；《康熙字典》解释说："孟婆，宋汴京勾栏语，谓风也。"因此孟婆也被认为是风神。

如果孟婆的真实身份是神，为何会沦落为一个在冥府桥边卖汤的老婆婆呢？上述三种说法差距甚大，存疑甚多，可见孟婆的身份有待探讨。

根据上述三种说法，孟婆的生卒时段分别是三个不同的朝代：

1. 孟姜女的说法：孟婆生于秦朝，死于秦朝。
2. 幽冥之神的说法：孟婆生于西汉，离开人间已是东汉。
3. 风神的说法：众所周知《山海经》所记皆是远古神话，鬼才知道孟婆的生卒年代。

推断的年代一个比一个古老，那么问题来了：在这些不同的朝代，地府的情况是怎样的？孟婆又是什么时候到地府卖汤的呢？

神话中的地府

中国自先秦时期开始有关于幽冥世界的描述。

"黄泉"可能是中国宗教信仰中最早出现的关于幽冥世界的概念，

最早见于《左传·隐公元年》中郑庄公的"不及黄泉，无相见也"。

其次还有《楚辞·招魂》有一段关于"幽都"的记载：

> 魂兮归来！君无下此幽都些。土伯九约，其角觺觺些。敦脄血拇，逐人駓駓些。参目虎首，其身若牛些。此皆甘人。归来归来，恐自遗灾些。

屈原在《招魂》中详细描写了幽冥世界的面貌，在这个地下世界里，有头长尖角面目狰狞的土伯，他掌管着整个幽冥世界。还有一种叫"敦脄"的妖怪，以指攫人，因此爪子上经常沾染着人类的鲜血。"土伯"和"敦脄"还喜欢将人肉当作美食，在这个幽冥世界中只有恐怖与血腥，不存在轮回或者转世，甚至不论好坏，灵魂进入这里只有成为土伯和敦脄的大餐。

显然，幽都只是两人合伙的机构，这里还用不上孟婆，毕竟亡魂入境的命运只有一个——被吃。

在两汉魏晋时期，民间传说人死后将魂归泰山。泰山为五岳之首，人们认为它是天与地的联结场所，是神仙聚集地的同时也是人死后灵魂的归所，譬如西晋陆机曾作《泰山吟》：

> 泰山一何高，迢迢造天庭。峻极周已远，曾云郁冥冥。梁甫亦有馆，蒿里亦有亭。幽涂延万鬼，神房集百灵。长吟泰山侧，慷慨激楚声。

基本上，两汉以前民间对幽冥世界的想象都是围绕着"泰山冥府"展开的。

人们普遍视泰山为亡魂归宿，这个概念一直到唐代以前都没有根本性变动。《幽明录》便记载过中国最早的游冥故事——赵泰游历泰山冥府。故事内容大略就是凡人赵泰因暴卒入冥，因奉佛免受冥罚。值得注意的是，泰山冥府的冥王是泰山府君，而不是土伯，并且根据故事记载我们知道，还有"都录使者"给赵泰记录生前的善恶祸福。显然和幽都比起来，泰山冥府开始有一些较为简单的机构设置。

我们可以从魏晋时期的志怪小说的游冥故事来考察当时人们对于冥府的想象。魏晋时期志怪小说非常盛行，其中《幽明录》《列异传》等收录了不少游冥题材的故事，总体上，这些游冥故事对冥界的想象比较简单，冥界的机构单纯，官职设置简单，官员职数也较少，基本上是以泰山府君为主宰，下设有主簿、录事、伍伯等冥官及若干冥吏的一套简单的官僚机构，相当于人间官府在地下的翻版。

然而，此处仍不见孟婆的踪影。我们知道，孟婆是在"地府"任职的，而泰山冥府显然是在山上，由此推断孟婆入职地府的时间肯定要晚于魏晋南北朝时期。

据此，我们再度考察关于孟婆身世的说法，前两者给出了孟婆明确的生卒时代，如果孟婆就是孟姜女，那么她离开人世时肯定要变成孤魂野鬼，失业一阵子了；若孟婆是幽冥之神，那么上天提拔她却没给她安排地方工作，这个说法不甚合理。

相较之下，风神的说法或许较为靠谱，毕竟作为一个超脱生死、自由自在的神，啥时候任职都凭她老人家开心嘛。

那么，如果魏晋以前人们常说的幽冥世界指的是"泰山冥府"，所谓"地府"究竟指的是什么呢？

首先，我们需要讨论"地府"的概念，按语境来说，"地府"与"地狱"是一样的。两汉之际佛教的传入，给中原人民带来了印度本土的"地狱"概念。"地狱"一词在汉译佛经中音译为"泥梨耶""奈落迦"（梵文为niraya或naraka），意为没有喜乐和福德的地方。印度语境中的地狱是有着庞大的管理组织结构的。阎罗王作为地狱的最高统治者拥有辅佐之臣十八人，主领着十八地狱，为的是对进入地狱的罪人进行拷问判罚，以完成地狱的"惩恶"功能。

其实《幽明录》中赵泰的故事已经引入了佛教的概念，泰山冥府是有一定惩戒作用的，但是宗教色彩仍不浓厚。此时正是南北朝时期，佛教传入后逐渐与传统的儒道思想碰撞、融合，而泰山冥府的概念也与地狱的概念发生了转换与融合，一直到唐代才基本完成了佛教"本土化"的过程，而此时人们对幽冥世界的概念也有了巨大的改变。

泰山冥府随着地狱观念的影响，被移入地狱之中，而最大的改变是原来作为领袖的泰山府君大权旁落，被移民过来的阎罗王取代了。

阎罗王其实原来是印度的毗沙国王，他与维陀始王共战，兵力不敌，因此立誓愿为地狱主。此时期佛教"阎罗地狱"说逐渐与本土"泰山治鬼"信仰合流，人们把阎王和地狱完全汉化，再融入佛教"六道轮回"说，从而附会出许多新的传说，比如我们所熟悉的奈河桥、孟婆汤等，其他还有牛头、马面、黑无常、白无常、勾魂使等，甚至出现了中国特有的判官。这些在中国语境下全新构建起来的传说人物逐渐演变成为中国地狱信仰的主流，他们都是佛教传入中国后才出现的。

现在我们可以确定孟婆是在隋唐时期入职地府的，此时期出现了大量以游冥为题材的作品，为我们提供了一幅相当完整的地狱景象。

举个例子，唐代变文《唐太宗入冥记》写的是唐太宗因李建成、李元吉在冥间诉冤屈，生魂被拘入冥府的故事，他的案件由冥判崔子玉审判。唐太宗进入冥间之后，先后见到的人物有通事舍人、高品、阎罗王、判官崔子玉、六曹官、善恶童子、功德使等。这个故事为读者开列了一张比较完整的冥间官吏名单。明代《西游记》对这个故事做了许多改动，对地狱的景象描绘得更详尽，还加入许多戏剧化的元素，唐太宗还阳路上冥府景象的描述，从背阴山到十八层地狱、奈河恶水等。

通过大量的唐代游冥故事，我们可以发现冥界的组织机构庞大且明确，基本上体现出三个层次。第一层次是阎罗王或泰山府君，即冥界之主。第二层次是崔判官、善恶童子和六曹官，他们是审判鬼魂的主要角色，隶于冥王的属吏。这些冥官以判官为代表，在广大民众中影响广泛，在民间冥界信仰中也具有举足轻重的地位，具有很强的稳定性，譬如直至明清的某些小说中，判官的名字仍然是崔子玉。第三层次是下层负责勾捕的小吏，一般的描述多为黄衫使者等，衣服颜色多是不尊贵的浅色。他们负责奉命勾捕魂魄进入地府世界。

在多数民众的信仰中，阎罗王加判官、小鬼（冥卒）的冥界构成是最为简单、最为普泛、最为稳定的冥司系统。中晚唐时期，幽冥世界的建构再度发生变化，冥界之主由单一的阎罗王演变为地狱十王，阎罗王为第五殿冥王。地狱十王由地藏菩萨统领，地藏菩萨既是幽冥世界的救赎者，也是主宰者，十王麾下各有若干冥官冥吏。这种幽冥世界的建构一直延续到明清时期。

然而大致从宋始，冥府的宗教色彩便渐趋淡化，游冥故事所承载的伦理教化与惩戒功能相比前期大为加强，然而游冥府的题材并未减少，直至明清时期仍有非常多游阴曹地府的故事，如《西游记》《聊斋异志》等内容丰富、情节曲折离奇的小说。大致上明清时期的作品对阴曹地府的描绘更加生动、详尽，且富有情节性，而那些唐代开始出现的判官崔子玉、孟婆、牛头马面等神话人物也就此通过神话传说流传下来。

孟婆在地府的地位

通过概览冥府的官阶体制，我们发现，其实孟婆并不在固定的三层冥司系统之中，她既不负责审判，也不是一般任鬼使唤的冥卒，孟婆的形象一般是受人尊敬的，显然孟婆在地府的工作其实有更高的自主权，尽管她显然在体制外。

众所周知，孟婆的管辖范围是至关重要的，是亡魂的必经之处，相当于现代的出入境管理，主要任务就是收过路费。这就非常矛盾，那么重要的关口，阎罗王居然没有安排冥司体制内的正职阴间使者，而将管理权全交付于孟婆？

孟婆卖孟婆汤的收入最终有没有归入冥司的财务体系也实在让人起疑，难道阎罗王默许孟婆亘古的商业垄断之举？这让我们不禁怀疑孟婆在冥府机关内的地位，孟婆究竟为何能够掌握如此大的权力？

或许这与孟婆的真实身份有关。根据《山海经》，孟婆是帝尧的女儿，亦是风神，如此尊贵的身份自然怠慢不得。要知道，地府只有一位神祇，也就是阎罗王，若将她聘为冥府官员，显然不符合孟婆自己神的身份。

一山不能容二虎，这样推测或许只有一种比较合理的说法，即阎罗王知道孟婆的真实身份，因此不将其聘为冥府的正式官员，而是将其安插在冥府最关键的出入境关口，赋予局长的实权，以为重视。另外，孟婆自身拥有非常高的技术优势（熬的汤特别好喝），可以说是软硬实力兼备，所以得以凭一己之力实现冥府出入境关口的商业垄断。

至于孟婆卖汤挣的钱最终有没有归入冥司体制内，咱也不知道，咱也不敢问啊。

古人的饮食门道

中国饮食文化历史悠久,由于各地自然条件、人们的生活习惯以及经济文化发展状况的不同,在历史的发展演变中,不同地区逐渐形成了自成体系的地方菜肴与饮食风格。

八大菜系里为何只有一个北方菜？

文：郑昭昕

若我们现在有一棵白菜。我们将它拿到四川，淋上高汤便成了川菜美食——开水白菜；拿到广东，浇上蚝油就是一道广东人爱吃的蚝油白菜；来到东北，人们会腌制成酸菜，变身经典杀猪菜。

白菜，在中国不同地区有上万种做法。

中国饮食文化历史悠久，由于各地自然条件、人们的生活习惯以及经济文化发展状况的不同，在历史的发展演变中，不同地区逐渐形成了自成体系的地方菜肴与饮食风格。最后，公认最具代表性和影响力的菜系便是鲁、川、粤、苏、闽、浙、湘、徽这赫赫有名的八大菜系。

有趣的是，这八大菜系中只有一个北方菜，即鲁菜。

如果我们将八大菜系结合各地的文化特点，用拟人化的手法来描绘，各个菜系的特点可是非常形象了。

首先，我们来看看南方菜系。

粤、闽菜系
——风流儒雅的公子

粤菜即广东菜，由广府、客家、潮汕三种地方风味菜组成，与之相邻的闽菜由闽南、闽西等地方风味菜组成，以福州菜为代表。两者起源于我国南部沿海，那里四季常青，物产丰富，因此，粤菜和闽菜一般用料选材都很精细，花色繁多，且烹饪手法也非常多。

粤菜的口味以清而不淡，鲜而不俗，嫩而不生，油而不腻著称，烹饪手法有煎、炸、烩、焗、焖，代表菜色有龙虎斗、蜜汁叉烧、蚝烙、客家酿豆腐、梅菜扣肉等。

闽菜口味清鲜、甜酸，尤其讲究调汤，其烹饪手法除了炒、煎，还有醉、煨、糟，代表菜品有佛跳墙、太极明虾、红糟鸡丁、海蛎煎、福州鱼丸等。

一道正宗的粤闽菜肴制作起来非常不容易，举个例子，大名鼎鼎的佛跳墙。佛跳墙光是在用料选材上就非常丰富，其烹饪步骤也非常繁复，个别主料须先单独处理，最后再将几十种原料煨于一坛。这还没完，还得取个好听的菜名，即"坛启荤香飘四邻，佛闻弃禅跳墙来"——佛跳墙。

基本上，各大菜系的菜肴都非常考功夫，我们再来看另一个。

苏、浙、徽菜系
——清秀素丽的江南美女

苏菜主要由金陵菜、淮扬菜、苏锡菜、徐海菜组成，口味清淡适口，甜咸适中，南北皆宜，为宫廷第二大菜系，今日国宴仍以淮扬菜为主，代表菜品有狮子头、叫花鸡、松鼠鳜鱼、盐水鸭（金陵板鸭）等。

浙江菜系主要由杭州、宁波、绍兴等地的地方菜发展而成，地处中国东海之滨的浙江盛产鱼类，因此浙菜原料十分丰富，烹饪上也注重原料的新鲜，讲究鲜嫩软滑，强调入味，代表菜品有西湖醋鱼、龙井虾仁、干炸响铃、杭州煨鸡、宁波汤团等。

徽菜起源于南宋时期的徽州府，由于当地多山多水多食材，徽菜便以烹饪山珍水产见长，徽菜的特色是选料朴实，菜肴重油、重酱色、重火功。代表菜品有火腿炖甲鱼、腌鲜鳜鱼、黄山炖鸽等。

我们来看看淮扬菜的经典菜品——清炖蟹粉狮子头。

狮子头的用料并没有佛跳墙多，但对其烹饪的每一道工序要求非常高，譬如肉馅的制作讲究刀工，首先要细切粗斩，分别将肥肉、瘦肉切成细丝，然后再各切成细丁，继而分别粗斩成石榴米状，再混合起来粗略地斩一斩，使肥瘦肉丁均匀地黏合在一起。

最后还是要取个响当当的菜名。烹制成熟后的肉丸子表面的肥肉末已大多熔化，而瘦肉末则相对显得凸起，乍一看，有种毛毛糙糙的感觉，有如雄狮之头，于是便称作"狮子头"。

江南菜系的佳肴与其淡雅宜人的自然风光如出一辙，多为清淡、咸甜适宜的口味，而远在西南内陆却流行着一种以"麻、辣、鲜、香"为特色的饮食，即川湘菜系。

川、湘菜系
——锋芒四射的名士

川菜的出现可追溯至秦汉,在宋代已经形成流派,而至明末清初,辣椒传入中国后,川菜进行了大革新,才发展成了现在的川菜。川菜的原料多选山珍、江鲜和畜禽,善用小炒、干煸、干烧、泡和烩等烹调法,以"味"闻名,味型丰富多变,以鱼香、红油、怪味、麻辣较为突出。川菜的代表菜肴有鱼香肉丝、宫保鸡丁、夫妻肺片、麻婆豆腐、东坡肘子。

湘菜与川菜类似的特点是辣,但其辣味偏酸辣,以辣为主,酸寓其中;湘菜还有另一特点即"腊",擅长制作山珍野味、烟熏腊肉和各种腌肉、风鸡,口味强调"咸香",有浓厚的山乡风味。湘菜代表菜品有麻辣仔鸡、腊味合蒸、东安仔鸡、洞庭野鸭、冰糖湘莲等。

举个例子,夫妻肺片可是川菜的经典名菜之一。川菜之所以自成体系,关键在于其"味"独具一格,譬如这夫妻肺片,色泽红亮,质地软嫩,口味麻辣浓香。尤其这菜名取得非常引人注目,"肺片"两字原为"废片",即牛肉铺的一些边角料,后来因为"废片"二字不好听,再加上食材中有牛肺片,便取"废"的谐音"肺",是为"肺片"。至于"夫妻"两字,则取自其创制者郭朝华、张田政夫妻。

上述七大菜系均为南方菜系,还有一个知名度非常广的北方菜——鲁菜,人们一般称其为八大菜系之首。

鲁菜
——京城大御厨

鲁菜作为宫廷第一菜系，是黄河流域几千年齐鲁文化孕育熏陶下的产物，其历史最早可追溯至夏朝，于春秋战国时期初步成形，当时孔子提出了"食不厌精，脍不厌细"和一系列"不食"的饮食主张，如"鱼馁而肉败，不食。色恶，不食。臭恶，不食。失饪，不食……"这决定了后世鲁菜选料精细、割烹得宜、讲究刀工、加工精当等原则与特色，且注重自然本味，菜品强调返璞归真，味兼四海，厚重大气。

唐宋以降，由于山东毗邻元明清三代的京城，鲁菜厨师成了宫廷和官府厨师的重要人力来源，同时，山东成了向京城供应优质食材的来源地，鲁菜的烹饪技巧随之得到升华，成为名副其实的"宫廷菜"。

现今的鲁菜由济南、胶东、孔府三种风味组成，以清香、鲜嫩、味醇而著名，突出烹调方法为爆、扒、拔丝，十分讲究清汤和奶汤的调制。我们来看看鲁菜的代表菜品——糖醋鲤鱼。

糖醋鲤鱼是山东济南的传统名菜，色泽金黄，外焦内嫩，酸甜可口，尤其这"鲤鱼跃龙门"的造型有着金榜题名等美好寓意。尽管其用料并不如之前的菜系丰富，但显然，鲁菜的烹饪技法难度是非常高的。

鲁菜作为八大菜系之首，同时也是八大菜系中唯一一个北方菜。那么，问题来了，为何八大菜系中大多是南方菜呢？换言之，南方菜究竟有什么优势以至包揽七大菜系呢？

我们简单概括下八大菜系的几个特点：首先是用料、选材丰富，这主要得益于各菜系优越的地理环境；其次，八大菜系的烹饪技法丰富、讲究细腻；最后，八大菜系的经典菜肴基本上都有个带好寓意的好名字。

那么，难道北方菜系就没有这些特色吗？

我们一起来看看几个自成体系的北方菜，首先是北京菜。

"京味儿"北京菜

北京菜又称京帮菜，其特色在于北京作为都城之优势，吸收了各地饮食文化的精华，形成了宫廷风味、民族风味和山东风味相融合的特色饮食。宫廷饮食最著名的要数满汉全席，菜点精美，礼仪讲究，充分展现了中华烹饪之博精，饮食文化之渊源。

除了宫廷盛宴，值得一提的是京帮菜中最具有特色的烤鸭和涮羊肉，这些是源自北方少数民族的吃法，以肉食为主。

说起民族风味饮食，内蒙古菜也是非常经典的北方菜。

内蒙古菜

内蒙古菜的特色以蒙古族的饮食为主。蒙古族人的饮食比较粗犷，基本上以羊肉、奶、野菜及面食为主要原料，烹调方法也相对比较简单，最常见的就是烧、烤，著名的菜点有烤羊腿、全羊席、手扒羊肉、马奶酒、风干牛羊肉、蒙古馅饼等。

内蒙古菜重视原料的本味，并且分量上要求丰足、实在。恰巧，东北菜也有相似之处。

东北菜

东北菜指的是东北地区存在的烹饪菜种，因东北地区独特的人文环境和自然环境，东北各地的饮食都是高度相似的。东北菜讲究吃得豪爽、吃得过瘾，强调火候足、色鲜味浓，比如这道地三鲜。

将三种时令新鲜的食材——茄子、土豆和青椒——过油炒。除了炒，东北菜流行的烹饪手法还有炖，譬如这道东北乱炖。

豪爽的东北菜不讲究太多繁复工序，一般只用数种食材加上简单的调味料，然后一块炖。其豪爽程度，连菜名都不需要精心构思，做什么料理便用什么菜名，比如小鸡炖蘑菇粉条。

尽管东北菜不讲究精细烹饪工序、菜名等，但其菜品分量十足，肯定管饱。这种朴实、自然、醇厚的特点便是东北菜品文化的独到之处，他们认为"食"所以为之食，菜最终还是要吃的，不是为了看，不是为了玩，只需要可吃、好吃、爱吃，吃了更爱吃。

总体看来，北方菜大多豪迈大气、醇香味浓，然而不少人认为，相较之下，北方菜无论在用料选材、烹饪技巧、摆盘观感，甚至取菜名等方面都难登大雅之堂，无法与精致美观、口味皆宜的南方菜媲美，因此未被列入八大菜系之内。

其实关于八大菜系，从来都不是定说。

中国的饮食文化在早期并无派系之分。唐宋时期，根据《梦溪笔谈》记录："大底南人嗜咸，北人嗜甘。鱼蟹加糖蜜，盖便于北俗也。"可见在当时，北方人喜欢吃甜的，南方人喜欢吃咸的，南食北食各自形成体系。

到了清代，根据徐珂所辑《清稗类钞》中记载："肴馔之有特色者，为京师、山东、四川、广东、福建、江宁、苏州、镇江、扬州、淮安。"后来概括为鲁、川、粤、苏四大菜系。民国开始，由于中国各地的文化有了相当大的发展，出现了饮食"帮口"的概念，即特定地域的饮食风味，比如杭帮菜、杨帮菜等，相当于"菜系"的雏形。

20世纪80年代，"菜系"的概念取代了以帮分菜的传统分类法，此时正逢改革开放后饮食消费业的恢复发展时期，人们竞相提出"五大""八大""十大"菜系等朗朗上口的饮食分类概念，这在当时是地方饮食业最好的广告词。然而，至今最流行的还是"八大菜系"一说。

时至今日，关于八大菜系的争议依然没有停止，未列入其中的地方风味仍不断试图成为"第九大菜系"（陕西、东三省、云南、北京等均做过尝试）。

常言道："民以食为天。"无论八大菜系中谁是正统，"第九大菜系"花落谁家，只要是好吃的，谁不爱呢？

同样是小麦，为何西方烤面包，中国蒸馒头？

文：王笑寒

公元225年，还未与王朗进行宿命一战的蜀汉丞相诸葛亮欲渡泸水，以平定持续已久的南蛮之乱。不过，诸葛亮第一个遇到的敌人却不是蛮王孟获，而是波涛汹涌的江水。

《三国演义》中有这样一段情节，蜀军班师渡泸水时，江面风浪大作，蜀军望着滔滔江水，莫不惊恐。此时，孟获说以往他们都是用蛮人的头颅（"蛮头"）来祭祀水中猖神，才能祛除灾祸。这一办法明显过于血腥，诸葛亮虽没答应，但却"脑洞一开"，下令手下用面粉和牛羊肉做成人头形状，来代替"蛮头"投入江中。也是巧了，受祭之后的江面果然风平浪静，蜀军成功渡过泸水。由于诸葛亮以"馒头"充"蛮头"的故事如此生动，不少人认为，"蛮头"就是"馒头"一词的来历。

你可千万别觉得古人直到三国时期才吃到馒头，实际上，早在战国时期，《事物绀珠》中就有"秦昭王作蒸饼"的记载，其中的"蒸饼"可能就是馒头。到了南北朝时期，《齐书》中提到一种叫作"面起饼"的食物，宋程大昌《演繁露》将其描述为"入酵面中，令松松然也"，其中"松松然"的描绘十分传神，使得一屉屉热气腾腾的馒头仿佛跃然纸上，让人不禁食指大动。

在西方，同样的面食，我们知道更多的是面包。而且，不仅有"松软"的，还有"坚硬"的，那种能磨刀的真"硬核"面包。

所以，都是小麦做的，为什么在中国成了馒头，而在西方就变成面包了呢？

外来小麦如何变身馒头

其实，小麦并不是中国的本土作物，它来自今天的西亚一带。据考古学家研究，小麦大概在距今4000年至4500年左右由西亚传入中国。

纵观历史，在与小麦"邂逅"之前，中国古人习惯吃小米（粟黍）和水稻（大米），小麦的传入丰富了古人的饮食习惯，汉代以后逐渐在我国北方推广，到了唐代，则渐渐成为风靡全国的主要粮食之一。宋代诗人兼美食家的苏轼，曾与友人共吃馒头，并写诗云："天下风流笋饼餤，人间济楚蕈馒头。"

苏轼将馒头称之为"人间济楚"，可见其受欢迎程度。不仅如此，明代李时珍所著《本草纲目》中记载，馒头有消食、养脾胃、益气和血、通水道、利三焦的药用功能，可见我国古人的确对馒头"爱得深沉"。

不过，为什么西方人用来做面包的小麦，到了中国人这里会变成了馒头呢？

小麦传入中国后，由于特殊的地理环境和历史原因，我国栽培的小麦大多是籽粒半硬、蛋白质含量中等、面筋强度中等的中筋小麦。与此相反，西方则普遍流行种植籽粒硬质、蛋白质含量高、面筋强度强的高筋小麦。

有烹饪经验的人都知道，由于高筋小麦籽粒过硬、强度过高，用高筋面粉制作馒头难度很大，且发酵过程难以控制，做出的馒头吃起来大多如啃檗吞针，难以下咽。不过，也正因高筋面粉强度较高，它非常适合用来制作富有弹性的面包。与此相反，用中筋小麦产出的面粉制作馒头则是如鱼得水，非常容易做出"松松然"的感觉，吃起来也更加软糯可口。

因此，即使是地地道道的舶来品，小麦在来到中国之后，也适应了本土的地理环境，成为"松松然"的馒头，而与筋弹爽口的面包"擦肩而过"。

不过，中国古人对馒头的青睐不仅受小麦品种的影响，还是长久以来本土饮食传统的必然选择。

与依赖烤制的面包不同，馒头的制作依赖蒸煮。巧合的是，自史前时代以来，中国大陆就有蒸煮食物的传统。这是因为蒸煮的食物制作方式依赖陶器。

相较于西方大多数地区，我国的"陶器科技"十分领先。"无他，唯手熟尔"，在这漫长的陶器使用过程中，中国古人慢慢领悟了使用陶器蒸煮食物的技能。有传说认为，"黄帝始蒸谷为饭，烹谷为粥"，可见在遥远的传说时代，中国古人就掌握了蒸煮的技法，有着成熟的蒸煮经验。

随着人们对蒸煮食物依赖的不断增强,史前的中国古人还发明了一种特殊的陶器——甑,专门用以蒸煮食物。这种陶器的形状较为特殊,底部有孔,在底部放置食物,并在底下放上一口较大的锅,先在锅中盛水,然后在锅下烧火,可利用蒸汽将食物蒸熟。

千万别小看这小小的甑,它可算是货真价实的史前"黑科技",带领中国古人提前进入了"蒸汽时代"。有了甑提供的蒸汽,中国古人可以将水稻做成香喷喷的大米饭,将小麦做成热腾腾的大馒头。由于西方并没有发明甑这样的陶器,这一简单的发明便成了史前东方人的独创,使得蒸法成为彻头彻尾的东方特色。既然蒸法是彻底的中华古老饮食之道,那么以蒸法制作面食,将面粉加工为馒头就十分自然了。这也难怪,没有掌握蒸法的西方人也就不会制作馒头了。

纵观今天国人热爱的各种食物,无论馒头、包子、饺子、馄饨还是汤圆,乃至大受欢迎的火锅和麻辣烫,基本上都是蒸煮制作的产物,鲜有烤熟的。饮食习惯一旦形成就极为保守,更遑论中国人绵延上万年以蒸煮为主的习惯了。

通过以上梳理可见,虽然产品的原料小麦是舶来品,但中国人将它做成了馒头,这既有原料种类的原因,更有饮食习惯的原因。

爱情还是面包,这是一个问题

尽管中国人自古就对馒头"爱得深沉",但我们也不是完全对面包"敬而远之"。例如,在我国新疆吐鲁番洋海墓地的考古发掘中,考古学家就发现了近3000年前的面包残留。

不仅如此，曾经颇为火热的电视剧《长安十二时辰》里提到，唐代的胡饼（烧烤制成的小麦面饼）也是唐代人民喜闻乐见的小吃。

不过，中国人多把这些烤制的食物当作小吃或节令限定，而非主食。

而西方人不仅把面包当主食，其热爱程度也是相当狂热。英语中存在类似"养家糊口者"（breadwinner，赚取面包的人）和"夺人饭碗"（take the bread out of his mouth，将面包从他人口中取出）的表达，实际上已经把面包等同于一切生计（livelihood）。例如，西方人的经典之问"要爱情还是要面包"（love or bread）就把面包作为物质追求的象征，放在了与精神追求的象征——爱情一般的地位上，西方人对面包的"抬爱"，可见一斑。

截至目前，人类历史上的第一个面包发现于约旦东北部的Shubayqa遗址，考古学家在这里一共发现了24份残留物，里面有大量的面包残留。

人类在还没能掌握栽培小麦的技术时，就已经在制作面包上驾轻就熟，虽然这些面包都是未经发酵的产物。之后，烤制面包的技术从约旦河谷流传至古埃及地区，这时，人类已经掌握了栽培小麦的技术，泛滥的尼罗河水使得古埃及的土地变得十分肥沃，非常适合小麦的种植。小麦农业的成熟使得面包开始逐渐成为埃及人的主食，埃及人甚至将面包当成生命的起源。

发酵面包的发明是一个"意外之喜"。根据古埃及的传说，几千年前，一位专门为主人烤制面包的奴隶由于太过劳累，在面包还未开始烤之前就沉沉睡去，未加炭火的烤炉也慢慢熄灭。奴隶第二天醒来，本以为闯下了弥天大祸，却发现昨晚未经烤制的生面团膨大了一倍之多。奴隶灵机一动，将已经发酵膨胀的面团放入烤炉烤熟，发现烤出来的产物又松又软，口感极佳。据传，这位奴隶就是发酵面包的发明者，他本人也成了埃及抢手的职业面包师。这一传说的真实性或许有待证实，但在古埃及法老拉美西斯三世坟墓上的壁画中，的确展示了面包制作的全过程，其中就包括发酵技术的运用。

到了古典时代，希腊罗马人不仅学会了利用啤酒或葡萄酒对面包进行发酵，还发明了面团搅拌机和水磨机，使得面包制造进入了"机械化时代"。不仅如此，在庞贝古城，考古学家发现了许多屋内有一截土坑灶台的房间，这些灶坑中大多残留有制作面包的碎屑，保存下来的"菜单"也证明，面包在千年前就开始在庞贝古城这类"快餐店"中售卖，十分受欢迎。希腊罗马人对面包的喜爱随着西方文明的发展不断得以传承。

中世纪之后，随着面包的普及，也出现了不少使用面包的"旁门左道"。例如，有文献记载，中世纪欧洲，家有余粮的家庭会拿出一块陈旧面包（因水分蒸发而干硬）当盛放食物的餐具。

这也很好理解，彼时木质餐盘还未普及，瓷质餐盘更是东方的奢侈品，用硬面包做餐盘不仅实用，还可以在就餐时吸收汤汁，当作主食随饭吃掉，有一种"边吃饭边吃碗"的奇趣。

不仅如此，我们在西方关于中世纪的电影中频见书桌上并置铅笔与面包的场景，很多中国人容易将面包理解为写字时食用的零食，但它的真正功能其实是"面包擦"。当时橡皮擦尚未发明，人们一旦用铅笔写了错字，就会用面包将错字擦去。这样做虽然会留下一纸的面包渣，但由于面包容易获取且擦得干净，也不失为一种选择。

与中国人对馒头的选择相同，西方人对面包的选择也同样是因地制宜的结果：一方面，广泛种植的高筋小麦为面包的制造提供了绝佳的原料；另一方面，烤制的传统饮食习惯也是面包制造的必要条件。

说了这么多，以馒头、饺子、面条为代表的东方面食，与以各种花式面包为代表的西方面食，你更爱哪一种呢？

古人吃牛肉真的很难吗?

文：周渝

说到吃牛肉，我们先看两个熟悉的场景。

场景一：阳谷县郊，景阳冈前。正是晌午时分，武松走得肚中饥渴，望见前方有一家酒店，门前挑着一面旗，上头写着五个字："三碗不过冈。"武松走进店里坐下，叫道："主人家，快把酒来吃。"只见店家拿了三只碗，一双筷子，一盘熟菜，放在武松面前，满满筛了一碗酒。武松拿起碗来一饮而尽，叫道："这酒好生有气力！主人家，有饱肚的买些吃酒。"店家道："只有熟牛肉。"武松道："好的切二三斤来吃酒。"店家切了二斤熟牛肉，装了一大盘子，拿来放在武松面前，再筛一碗酒。喝酒吃肉之后，武松不听店家相劝，偏向虎山行，果然遇险，但令众人想不到的是，他竟徒手打死了景阳冈上的老虎。

场景二：北宋年间，大理世子段誉游迹江南，在无锡的松鹤楼初见乔峰，只见乔峰桌上"放着一盘熟牛肉，一大碗汤，两大壶酒，此外更无别物"。段誉见此人容貌不凡，暗自喝彩，并对小二说要为乔峰买单，两人因此相识，交谈甚欢，当天就义结金兰，传为一段佳话。

两个场景的重点都在"熟牛肉"上。有很多人科普说，我们不仅被《水浒传》骗了几百年，还被《天龙八部》骗了几十年。因为宋代禁止吃牛肉，江湖侠士下酒馆不可能点得到牛肉。所以，这个说法靠谱吗？要弄清楚梁山好汉、江湖侠士到底能不能在馆子里吃到牛肉，还得从历代王朝对耕牛的政策说起。

先秦：屠牛岂能不吃肉？

我们的祖先对吃牛肉又是什么态度呢？

虽然春秋以来，牛肉理论上还是一种贵族食物，只有天子和诸侯能吃，但实际上不可能只有天子和诸侯才吃得上牛肉。首先，当时耕牛已大量畜养，而各国均无法令禁止吃牛肉，只是在礼制中提倡"诸侯无故不杀牛，大夫无故不杀羊，士无故不杀犬豕，庶人无故不食珍"。其次，因为战争频繁，先秦时期必然有大量的耕牛被屠宰，这要从当时士兵的甲胄讲起。

列国士兵作战所穿的甲胄普遍多为皮甲，关于皮甲的材质，首选是犀牛。浙江河姆渡遗址、河南安阳殷墟遗址都曾挖掘出犀牛骸骨。大量考古证据表明，历史上，犀牛在我国中原分布的北界直抵黄河一带。犀牛是一种厚皮动物，坚厚的皮成为先秦武士制作"护身衣"的首选材料，屈原在《国殇》首句"操吴戈兮被犀甲"，说的就是以犀牛皮做成的甲。

动物也不傻，当危险来临之时，往往会迁徙。进入春秋战国之后，原本分布在中原一带的犀牛大约以每年半公里的速度向西南退缩，最主要的原因就是列国为了制甲而大规模捕杀。进入战国时期，犀牛资源日渐匮乏，诸侯国则退而求其次，开始采用牛皮来作为制甲的材料。而在大规模屠宰之后，海量的牛肉只供给天子和诸侯是不现实的，也不能因为礼制而暴殄天物，所以可能就成了军粮，给大兵打牙祭了。

先秦时期对于宰牛、吃牛肉并无禁令，只有针对盗牛者的法律。尽管在礼制中将牛肉看作诸侯及以上贵族才能享用的美食，但结合现实，军士皮甲的制作必然导致大量屠宰牛，造成牛肉过剩，不吃白不吃。对平民而言，养牛不易，即使没有法令禁止，也不会轻易屠宰，但牛在正常的生老病死后，拿来食用也在情理之中。秦末战争时期，刘邦入咸阳后约法三章，"秦民大喜，争持牛羊酒食献享军士"，可见这个时期吃到牛肉不算什么难事。

两汉：牛犊子成保护动物

进入汉代后，中原战乱平息，国家步入正轨，作为农耕社会核心生产力的牛，地位自然大为提升。随着冶铁技术的发展成熟，铁甲逐渐取代皮甲，西汉时期已出现大量铁札甲，皮甲逐渐淘汰，这就极大减少了像先秦那样"有故"屠杀耕牛。

那么，牛肉是不是就吃不到了呢？

当然不是。汉代耕牛的数量非常多，与先秦时期一样，有官方养殖和个人养殖之分。官家设置有专门的畜牧养殖机构，如牧师苑、畜府等。根据《汉书》的说法，汉代专业养牛户有"牛千蹄角"（约167头牛）者，可比千户侯，可以说是真牛人了。尽管汉代畜养牛的数量巨大，但仍然要面临战争、瘟疫、自然灾害等因素对牛的养殖造成的破坏，其中以牛疫最为可怕。一旦闹牛疫，往往造成该地区"垦田减少，谷价颇贵，人以流亡"的惨况，这也从侧面反映了汉代养牛业的脆弱。也正因如此，自汉代开始，从法律层面对耕牛进行保护，但并未提及禁止宰杀淘汰的耕牛、驿牛、斗牛等，尤其是老死、病死、意外死的牛，还是会成为人们的盘中餐。

东汉末年，那些因《三国演义》而家喻户晓的汉末军阀吃起牛肉来更是眼都不眨。正史记载汉末大肆屠牛吃肉者首推国贼董卓。根据《后汉书·董卓列传》载，生长于陇西地区的董卓年轻时常混迹于羌人的地界，与不少羌人首领结交。董卓回乡后归耕于野，而那些羌人首领也时常拜访他，但凡羌人首领前来，董卓便宰耕牛，与来者大碗喝酒大块吃肉，好不痛快。在当时宰牛以款待实在是相当高的规格，这些首领被其诚意感动得稀里哗啦，回去后马上收罗千余头牧畜送来，董卓不仅血赚一笔，豪迈侠义之名也在羌地广为流传，堪称汉末吃牛肉第一大佬。另一位是河北公孙瓒，他与诸属郡县，"每至节会"便"屠牛作脯，每酒一觞"，虽不像董卓那样吃得血赚，但好歹吃进了史籍，也算一位吃牛肉达人。

汉代虽然是首个颁布法令对耕牛进行保护的王朝，但两汉期间吃牛肉的现象并不罕见，也正是因为吃牛肉的人多，而当时又没有防疫意识，结果总是吃出人命。首先是暴发牛疫时，大量病死的牛成为人们的盘中餐，这样一来，人也因吃了病牛而染病。其次是当时养牛人喜欢以蛇肉养牛，因牛食蛇肉后长得快，但蛇毒会残留在牛的体内，这种牛一旦被人吃了便会导致人出现发热症状。这些问题都被东汉医者张仲景记录在案，他在《金匮要略》明确地说："疫死牛，或目赤，或黄，食之大忌。"

大唐：烹羊宰牛且为乐

从184年的黄巾之乱到589年隋朝灭陈，是中国历史上长达4个世纪之久的大动荡时期。当中国再度进入大一统治世，已是大唐。那么生活在唐朝的人们能吃得上牛肉吗？

唐代法律继承了汉代对耕牛进行保护的精神，但更为细致和严格。在《唐律疏议》中，关于禁止私宰、盗窃牛马的有数条法律——如果杀了官养或别人私养的牛马，无论什么原因，先处一年半徒刑。如果偷盗了官牛或是别人养的牛且宰杀的，两罪并罚，判处两年半徒刑。那么如果是自己养的牛马，能不能杀来吃呢？唐律也不同意，"主自杀马牛者，徒一年"。

从律令来看，官养或私养的耕牛都不能杀，这是否意味着唐人吃不上牛肉呢？答案是否定的。唐律中只是规定禁止私宰耕牛，但对于正常老死或是意外身亡的牛则无律令禁止食用。那么问题就来了，哪个土豪嘴馋了想吃牛肉，就让牛"意外死"，然后烹而食之，上有政策下有对策，这也是历代虽有法律禁止宰杀耕牛，但私宰一直无法断绝的原因。

诗仙李白兴致来了，也要"烹羊宰牛且为乐，会须一饮三百杯"。忧国忧民、茅屋为秋风所破的诗圣杜甫也有吃牛肉的记载。然而正如杜甫诗歌忧郁的画风一般，关于他吃牛肉的故事也充满悲剧色彩——吃牛肉撑死了。关于杜甫之死，自唐代以来就有多种说法，饮酒吃肉过量而死只是其中一种。这一说法最早记载于唐人郑处诲编著的《明皇杂录》中，郑处诲距离杜甫生活的时代较近，而杜甫也的确在唐代宗大历五年（770年）四月间写过一首诗记耒阳县令馈送酒肉事，故而这一说法也得到包括郭沫若在内的研究者之认可。郭沫若在此基础上进一步推测，认为杜甫是牛肉加白酒混吃而导致食物中毒。这样一来，牛肉反而是害死诗圣的凶手。不过，早在唐代，就有对此说持反对意见者，还假托韩愈之名写了首《题杜工部坟》，诗中写道：

> 当时处处多白酒，牛肉如今家家有。
> 饮酒食肉今如此，何故常人无饱死？

抛开杜甫之死的争论，这首诗的信息量十足，且看此句"牛肉如今家家有"，可知唐代虽然比汉代进一步立法保护耕牛，但吃牛肉谈不上犯禁，甚至可能是较普遍的行为。有许多烹饪牛肉的方法就是唐人所发明，例如记录岭南风俗的《北户录》中，就记载了一种"煲牛头"的做法，即"取嫩牛头，火上燂过，复以汤（烫）毛去根，再三洗了，加酒、豉、葱、姜煮之，候熟，切如手掌片大，调以苏膏、椒、橘之类，都内于瓶瓮中，以泥泥过，微火重烧，其名曰煲"。唐人烹羊宰牛的功夫真是丝毫不逊色于汉人。

两宋：庙堂与江湖的牛肉斗争

两宋是很关键的时代，本文开篇的两个场景，历史背景皆为宋朝，而后世说到古代禁吃牛肉问题，宋代又往往首当其冲。所以牛肉是否到了宋代就成为禁脔了呢？

赵匡胤时期对于吃牛肉也没什么禁忌，不过毕竟还是农耕社会，牛不仅用途广泛，需求量也巨大。对于耕牛的保护，宋代继承了唐代律令，禁止私宰耕牛（并未明确禁止吃牛肉）。

但宋代对于耕牛保护的力度明显强于唐代，主要原因是发生过几次大规模的牛疫，导致耕牛数量剧减。就在一次牛疫发生的淳化五年（994年），宋太宗颁布上谕，大幅度减少对牛筋、牛角的征缴，原本需要用牛筋为原材料制作的弓弩也一律改用羊筋、马筋代之，当年就"省牛筋千万"。《宋会要辑稿》中还强调，之所以做此调整，是担心地方官急于征缴牛筋而导致民众屠杀耕牛，可以说是一道专为保护耕牛而颁布的圣旨。

既然国家提倡不得擅自宰杀耕牛，那么买卖牛肉或者吃牛肉是否入罪呢？其实，宋代虽然在管控私宰耕牛的问题上较前代严格，但也没有明令禁吃牛肉，相反，皇帝还亲自下诏为吃牛肉辩解。事情是这样的，当时江浙一带有吃牛肉的习惯，这就导致出现了大量非法宰杀，结果事情闹大了，抓了很多人，大概有不少吃货也一起受到连累，于是，一位叫孔宗闵的官员向朝廷进言："浙民以牛肉为上味，不逞之辈竞于屠杀，事发即逮捕滋广，请释不问罪。"也就是说，江浙之民原本就有吃牛肉的习惯，虽然私宰牛是不法之徒的行为，但不应该把吃牛肉的人也抓捕。真宗得知此事后，亲自下诏曰："有屠牛充膳，自非通议烹宰，其因缘买者，悉不问罪。"意思是为了吃牛肉而购买者，不算犯罪，爱吃就吃吧。

不过由于官府对耕牛的保护，虽然市面上也能卖牛肉，但这些都是需要官府验证后的清白牛肉，复杂的手续导致牛肉稀少，价格昂贵，宋代菜谱中以牛肉为食材的菜品几乎不见踪影。发展至哲宗时期，耕牛数量已大幅度增长，对于耕牛的保护也不像宋初那般严苛了。当时司马光在抨击王安石新政时，提到遇凶年之时，农民没有粮食收成，索性杀牛卖肉过活，不顾来年耕种。这反映了农民有杀牛卖肉的情况。当时直接卖一头耕牛赚不了几个钱，但卖牛肉简直是暴利。据《宋会要辑稿·刑法志》载，大观四年（1110年），"盖一牛之价不过五七千，一牛之肉不下三二百斤，肉每斤价直须百钱"，照此推算，杀一头牛卖肉的价钱比直接卖一头活牛之价高出数倍之多。

牛肉的暴利导致大量民众铤而走险，耕牛被大规模屠杀，而官府又屡禁不止。于是有位官员想了个办法，既然禁不了宰牛，那就从牛肉上面下功夫，进言道："伏望特下有司立法，凡倒死牛肉，每斤价直不得过二十文。"也就是通过官府干预，大幅度压低牛肉的价格，他认为这些无知之民之所以不顾法度屠牛，是为暴利所驱使，把牛肉调成贱价，滥宰滥杀问题便迎刃而解。这一法子得到采纳，在官方干预下，牛肉价格暴跌，甚至比猪肉还便宜。这招也的确有效，活牛比牛肉值钱，只有傻子才会累死累活宰牛卖肉做亏本生意。

这样看来，武松在景阳冈切两三斤熟牛肉真不算过分。至于乔峰，他在无锡松鹤楼点了一盘熟牛肉就更无可厚非了，北宋时，江浙一带本就有以牛肉为上品的饮食习惯，连皇帝都下诏说买牛肉吃不算犯法，又怎么能污蔑咱们乔帮主呢？值得一提的是，宋廷限定牛肉价格之举非常特殊，政府直接通过法律对某一件货物价格进行微观调控的事例在整个历史上都不多见。

明清：宫廷民间双重奏

到了明清两代，法律上对于耕牛的保护与前代大同小异，不再赘述。值得一提的是，明太祖朱元璋也是传说中的吃牛肉猛人。据说，朱元璋小时候给地主放牛，某天肚子饿了，狠劲一来宰了一只牛犊子，和小伙伴烹而食之。吃掉小牛后，朱元璋又编造出牛跑到石缝里的故事忽悠了地主。当然，这则故事在《明史》等正史中并无记载，最早出现于生活在16世纪的明朝官员王文禄的笔记作品《龙兴慈记》中。虽然可信度很低，但明代中晚期的官员能写出太祖皇帝宰牛吃肉的传奇故事，也能看出当时牛肉并非什么禁脔。

实际上，到了明朝中期，耕牛数量充足，牛肉也成了市面上常见的肉类之一，而且物美价廉。正德五年（1510年）的南京，猪肉每斤值钱7—8文，牛肉每斤值钱4—5文。到了晚明万历四十三年（1615年）的北京，猪肉每斤值钱20余文，牛肉每斤值钱15文，羊肉每斤值钱15文。这样看来，明代牛肉价格总体低于猪肉。自明朝中期起，商品经济呈现出空前繁荣的局面，这时候大明人民连皇家赐服都敢随便穿着玩，更别说吃牛肉了。至于明代皇家食谱，明初朱元璋、朱棣的膳单中并未见牛肉，但到了万历朝则出现了牛肉，明朝皇帝什么时候开始吃牛肉无从得知，以牛肉在市场的普及来看，应该也是从明中期开始的。

值得一提的是，明清两代出现了大量小说，其中的菜谱上，牛肉出现的次数也不相同。最著名的《红楼梦》中出现过大量菜肴，但与牛肉相关的却是凤毛麟角。故事背景为宋朝，实则反映明代世相的小说《金瓶梅》中，具体描写食物种类的共有41处，但其中仅有一处指名为牛肉。而提到牛肉最多的还是《水浒传》，梁山好汉们动辄就是两三斤牛肉几坛好酒，有人统计，全书中牛肉出镜率高达48次。至于为什么梁山好汉爱吃牛肉，说法也很多，有人认为《水浒传》成书于明初，离元代毕竟近，受游牧民族吃牛羊肉影响之故。也有观点认为，作为一部正面描写"反贼"的书，朝廷禁吃牛肉，他们就偏要吃，表现出一反到底的精神。这种说法不太靠得住，前文已讲过，无论宋朝还是明朝都没有禁吃牛肉。不过在禁止私宰耕牛的问题上的确是经过数次斗争，这就导致牛肉不同于猪肉、鸡肉，虽说吃牛肉算不上违禁，但总是能给人带来一种叛逆感（类似现在未成年人抽烟喝酒），符合草莽英雄的气质，这可能是梁山好汉、江湖儿女爱吃牛肉的原因。

明清时期，尽管牛肉已是市场上常见的肉类，但清代的皇家确实是不吃牛肉的，这种习惯一直持续到清末。溥仪的亲弟弟爱新觉罗·溥杰的夫人唐怡莹回忆清宫菜肴时说："很特别的是，清宫的菜肴禁止吃牛肉，所以没有任何与牛肉相关的菜，这不是由于宗教信仰或是迷信说法形成的，而是因为满人认为牛是为人们耕田和拉车的好帮手，像马、驴、骡一样不可食用。宫廷的这个习惯甚至影响了北京市民的生活，在清朝统治的二百多年间，北京市民吃牛肉虽不被禁止，但是吃牛肉者很少。直到民国之后，牛肉菜肴才在北方逐渐增多。"

无独有偶，被慈禧诏进紫禁城的女官裕德龄后来以"德龄公主"为笔名写下了回忆紫禁城生活的《清宫二年记》，其中也专门提到"牛肉在宫中是不准吃的"，至于宫中禁牛肉的原因也与唐怡莹所说的如出一辙，即"因为牛会耕田，所以吃牛肉是一种很大的罪过"，宫廷菜肴中大部分是猪肉、羊肉、鸡、鸭、蔬菜等。总而言之，中国历代朝廷都很重视对耕牛的保护，并立法禁止宰杀，但并不存在禁吃牛肉之说。如果非要找一个禁吃牛肉之地，恐怕只有大清朝的紫禁城了。

中国烧烤小史

文：张鸿腾

"没有什么问题是一顿烧烤解决不了的，如果有，就来两顿。"在兰州，一家烤串店在疫情后复工，一天就卖出6000串烤串，虽说进店要先量体温，排队要间隔1米到1.5米，一张桌子只能坐一个人，但这都不是事，只要能吃上一顿烧烤，麻烦点也无所谓。更有甚者，店员称一位顾客站着吃了40串烤串，足有近两斤肉。

可见，中国人有多么热爱烧烤。这种热爱，或许不是别的，而是出于人类对烧烤的特有情结和印在基因上的标识——烧烤的历史，几乎就是人类使用火的历史。

一部烧烤史，就是一部用火的历史

在人类发展史上，第一个质的飞跃是制造工具，有了工具，人类可以捕猎、制作饰品；第二个质的飞跃当属用火，有了火，人类可以保护自身、烧煮食物、烧制陶器。

那么，人类从什么时候开始学会用火的？从国外来看，考古学家在肯尼亚的切索万加、南非的斯瓦特克兰斯、法国的埃斯卡尔山洞和希腊的佩特拉洛纳等地均发现了用火遗迹；在国内，湖北黄龙洞、辽宁金牛山、北京周口店等遗址也有用火遗迹。根据这些考古发现，人类用火的历史大概在距今约140万年至170万年左右。可以想见，当我们的祖先开始掌握用火技术时，他们也会在同时或是不久后就发现火能够加热食物，而这种最原始的加热食物方式，就是将捕猎得来的动物架起来，用火烤，看似与今天的烤全羊、烤乳猪没有太大差别。

在中国，较早的有文字记载的烧烤历史可以追溯到殷商时期。在殷墟甲骨文中，就有这样一句话："己丑卜，争贞：亦呼雀燎于云犬。"大意是在己丑日举行占卜，一个名字叫作"争"的贞人问道，是否要呼令"雀"这个人用一只犬来燎祭云神。

《礼记·祭法》孔颖达疏："燔柴于泰坛者，谓积薪于坛者，而取玉及牲置柴上燔之，使气达于天也。"元人陈澔的注释是："燔，燎也。积柴于坛上，加牲玉于柴上，乃燎之。使气达于天，此祭天之礼也。"通过这两段话可知，作为烧烤前身的"燎""燔"，是一种祭祀方式，通过产生的烟雾通达上天。

随着人类文明的进步，饮食种类逐渐丰富，烹饪方式渐趋多元，但人们对烧烤始终有一种执念。除了"燎"和"燔"，类似于今天烧烤的加热方式还包括"炙"。《礼记》注："炙，贯于火上也。"这说明"炙"是一种将食物放在火上烧烤的烹饪方式。《孟子》中说："公孙丑问曰：'脍炙与羊枣孰美？'孟子曰：'脍炙哉！'"意思就是说，孟子的弟子公孙丑问孟子，脍炙和羊枣哪个好吃？孟子回答他说当然是脍炙好吃了。脍炙就是一种切得很细的烤肉。由此可以看出，在孟子生活的时代，脍炙应该已经是一种公认的美食。

在汉代，烧烤已成为受欢迎的美食。《西京杂记》记载，汉高祖刘邦即位以后，常以烧烤鹿肝、牛肝下酒。许多考古发掘出土的汉代画像石和画像砖上，刻画了汉代人烧烤的情景，这时的烤炉形式已经很接近现代烤炉了。鱼、鹌鹑等动物都是烧烤的食物，但当时经常食用烧烤的人主要还是上层统治者和经济条件较好的人，普通劳动者依然以粮食和蔬菜为主食。隋唐宋元时期，随着北方民族的快速融合，烧烤的品种逐渐丰富，除了今天看起来比较寻常的蛤蜊、牛、鸭等食物，驼峰、鸳鸯等也被烧烤过。《红楼梦》第四十九回中，曹雪芹写到大观园里面的烧烤鹿肉：琉璃世界白雪红梅，脂粉香娃割腥啖膻。贾宝玉同史湘云在芦雪广烤鹿肉，并因此惊动了探春、宝钗、宝琴等姐妹，大家凑到一起大吃大嚼起来，致使林黛玉讥讽他们像一群"花子"。

如前文所述，用火遗迹在全球多国都有发现，烧烤也并非中国独有。英文中的"烧烤"一词"barbeque"来源于加勒比地区的泰诺人，他们表述"在架起的木栅上烤炙"的意思时，所用的词是"barbacoa"。有考证表明，该词最早出现在西班牙探险家对西印度群岛的描述中。以美国为例，美国烧烤的历史可以追溯到殖民时代，从那以后，它一直是美国文化的一部分。实际上，据17世纪中叶弗吉尼亚州殖民地颁布的第一部法律记载，禁止在烧烤场上开枪。据《星球烧烤》(*Planet Barbecue!*)一书的作者史蒂芬·雷奇蓝（Steven

Raichlen）考证，在美国独立战争取得胜利、为国会大厦奠基、密苏里河上的第一座桥建成时，都使用烧烤这一方式进行纪念。就连乔治·华盛顿的日记中也曾多次提到过烧烤，林肯父母的婚宴菜品也是烧烤。

有多少个城市，就有多少种烧烤

烧烤在不同地区的发展成就了不同种类的烧烤。在中国，很多美食讲究一个"正宗"，但你很难说出哪里的烧烤正宗。可以这么说，有多少个城市，就能有多少种烧烤。从北到南，从东到西，不同地区的人都标榜自己家乡的烧烤最好吃，但说来说去，最终依然是谁也不服谁。其实，吃烧烤不必纠结哪里正宗，好吃就是王道。可能没有最美味的烧烤，但要说普及最广的烧烤，恐怕非新疆烧烤莫属。当然，由于中国烧烤种类实在过多，烤制的食物也很多，难以一一介绍，笔者遂选取了几个比较有特色的烧烤，和大家一起"饱餐"一顿。

01 西北：最著名的巴楚烤鱼，最普及的烤羊肉串

西北地区的烤羊肉串，尤以新疆最为出名。新疆以外的地区，即便能够模仿甚至复制出一套新疆羊肉串的调料，却也难"学得精髓"——那就是羊肉。上好的新疆牛羊并不是放在养殖场里圈养，而是在大草原上放养出来的。牛羊在草原上奔跑，吃草原上的草，新疆污染少，由此造就了肉质紧实的新疆肉串。

许多城市中的新疆烧烤都设置在新疆餐厅内，室内吃烧烤可体现不出新疆人的豪迈，但夜市就不一样了。要说在地域广阔的新疆，哪

里的烧烤最知名，位于喀什的巴楚夜市烧烤一定能排上一号。与众所周知的新疆烤羊肉串不同，巴楚夜市的烧烤，烤鱼坐头把交椅：把两三斤活鱼洗净并从腹部剖成两半，用红柳枝穿好排开，再用木柴烤至外焦里嫩即可。别看只是烤鱼，原材料颇为讲究，一定是当地红海水库里的草鱼，而调料只有简单的盐、皮牙子（洋葱）和西红柿等，较好地保留了鱼原本的味道。

同样是在西北地区，位于兰州的正宁路夜市汇聚了新疆烧烤、西北小吃和老兰州味道，它也是兰州最老牌的夜市。在纪录片《人生一串2》中，正宁路夜市上的一家烧烤店，一年要吃掉3560只羊。在这里，烤羊肉串的食材选自当地的羯羊，而且一定要当天现宰的羊的后腿肉。制作方法也有讲究，两瘦夹一肥，俗称"夹花"，是烤串的标配。再加上经验丰富的烤肉师，才会烤出最正宗的兰州羊肉串。

02 东北：烧烤烤出"非遗"，烤进博物馆

同样是北方，在"一天三顿小烧烤"的东北，烧烤店很是密集。按2015年大众点评研究院公布的《中国烧烤大数据报告》，黑吉辽三省烧烤店占所有餐饮的百分比分别为9.5%、9.9%、8.9%，排第四的是宁夏6.0%，其他省在5%及以下。在辽宁，锦州烧烤最为有名。作为一座沿海城市，锦州烧烤既有肉类、蔬菜烧烤，也融合了海鲜烧烤。锦州烧烤有生烤和熟烤之分，调料达十几种，讲究"蘸、刷、撒、烤、翻"。每逢夏日夜晚，在锦州凌河夜市和古塔夜市，烧烤摊成了名副其实的"霸主"，三步一小摊，五步一大店，整条步行街弥漫着烧烤的气味。更让人惊奇的是，全国那么多种烧烤，恐怕只有锦州烧烤被列为当地"非物质文化遗产"。目前，全辽宁省，锦州烧烤成为"独步天下"的一大品种，几乎在每个城市都能见到锦州烧烤的影子。吃

烧烤、喝老雪，成为辽宁人消夏的"习俗"。

在更靠北的黑龙江齐齐哈尔，烧烤已经进入博物馆。2019年7月9日至23日，齐齐哈尔市博物馆精心打造了"鹤城的味道——烧烤文化别样的城市风情"展览，吸引了许多市民参观。而且自2016年起，齐齐哈尔每年都举办"国际烧烤美食节"。齐齐哈尔烧烤历经四十多年的发展，已经成为本地居民生活文化的一部分。位于黑龙江与内蒙古交界处、松嫩平原腹地的齐齐哈尔，既有天然牛羊（"齐齐哈尔"来自达斡尔语，意即"天然牧场"），又有本地烧烤小哥的手艺，自然培育出了烧烤的美味，甚至每一个家庭都有不同的烧烤配方。齐齐哈尔烧烤分为两种：烤肉和烧烤。与烧烤不同的是，烤肉是使用铁盘烤的，在形式上更接近韩国烤肉。据说，齐齐哈尔是中国最早用铁板烤盘的城市。在电影《西虹市首富》中，沈腾饰演的角色王多鱼邀请股神拉菲特，吃的就是齐齐哈尔芭比Q。

其实，烧烤之于东北，更像是一种文化。烤串扦子用金属的，肉串讲究块头大、肉厚实，木炭最好用果木。烧烤桌上侃大山的都是可以称为"自家兄弟姐妹"或"实在亲戚"的人，踩箱撸串间，平日里难以言说的话也能肆意地大声说出来，要是喝高了，几个大老爷们儿抱头痛哭或是仰天大笑也不足为奇，因为这就是东北烧烤摊的"人情味"。正如"北上广不相信眼泪，黑吉辽从不会喝醉"，烧烤配啤酒，再加上一盘花生米或拍黄瓜等小菜，这样的一顿美餐，聊起天来比高档酒楼痛快多了。

03 四川烧烤：一个"大江湖"

再将目光移到三千公里之外的四川西昌。在这片汉彝交汇的地区，火盆烧烤是人们的挚爱。一道凉山小猪肉，俘获了许多食客的胃。烤凉山小猪肉，选用的是高山猪，在处理猪肉时，连皮带骨一起剁，辅以小米椒、蒜蓉、盐和菜籽油拌匀腌制，烤的时候也是连皮一起烤，这种烤制出来的肉，焦香有弹性。每逢傍晚五六点，吃肉高潮迭起。所谓"火盆烧烤"，也就是大家围着一个有火盆的桌子，将食材放在上面烤，而一般的烧烤，都是店家烤后直接端到桌子上。比起后者，火盆烧烤更有一种"自食其力"的感觉，也更有团聚的感觉。

整个四川烧烤更像是一个大江湖，宜宾、石棉、乐山、峨眉互不相让，在彼此的地盘上生根发芽，省会成都更是这几种烧烤的云集之处。据说，宜宾派的"把把烧"是特色，按把计算，吃的就是江湖气；石棉派讲究清淡本真，少香料少加工，孜然坚决不用，入口即是食物的原味；乐山派则是提前根据不同食材的本味进行不同的腌制，香料渗入肉质纤维后再在大火上烤，咸香入味，焦脆辣口；峨眉烧烤清新了许多，但油爆依旧是川味烧烤的秘籍，肉在油间跳舞，让人口舌生津，垂涎三尺。

04　徐州：一只羊的多种吃法

"十个腰子十个球，大呼噜辣椒大呼噜油"，作为一座江苏城市，这种吃法颇为北方。没错，处在淮河以北的徐州确实融合了齐鲁文化、中原文化等北方文化，南北混血，南北通吃。

徐州烧烤，有一只羊足矣。全国很多地方都是冬季吃羊，在徐州则是伏天吃羊，并且有一个专门的节日"伏羊节"。伏羊节是在具有彭祖文化内涵的徐州民间食俗的基础上总结创制的节庆。彭祖时代，徐州地区普遍有食羊习俗，彭祖创造的"羊方藏鱼"正是那个时代羊菜烹饪技艺的升华。

可见，早在彭祖时代，今天的徐州地区就有吃羊的习俗。与新疆不同，徐州人吃的是山羊，再讲究一点就是来自安徽萧县的白山羊。山羊体形不大，纯自然放牧，长得紧凑结实，3个月到6个月宰杀，吃到嘴里没有绵羊那么肥美，比较瘦，嚼起来有劲儿。今天的徐州人吃起羊来，可谓是用尽了羊身上的每个部位。宰杀后的羊，除了皮和骨，几乎每个部位都被加工，放上了炭火炉。羊肉、羊排、肉筋、板筋、蹄筋、羊腰、羊球、羊尾、各种内脏，都在烤架上嗞嗞冒油。特别值得一提的是，徐州人吃羊，注重"老球嫩腰"，也就是羊球要老，羊腰要嫩。讲究吃啥补啥的中国人，在吃上真是费尽了心思。

各地烧烤总是不同，但一个"和"字贯穿其间，能在一起吃烧烤，那都是实在的朋友。烧烤总是能引发人们的讨论，每个人都为自己的家乡烧烤感到自豪，多说一句，甚至就能引发一场网络"战争"。然而，上一秒还在吵嘴的人，一旦上了烧烤桌，下一秒一定是和和气气，推杯换盏。如果烧烤界也有哲理，那一定是"忘记烦恼，和气生财"。

东北"野味":人与自然的和谐之道

文:张鸿腾

在"插根筷子都能长成树"的东北地区,"野味"自然不在少数。

东北的"野味"其实比大家印象中涵盖的要丰富一些,这里既有已列为保护动物的狍子、野山鸡等,也包括普通的野菜,如婆婆丁、山蘑菇等。

至于昔日"野味",有网友一句话总结宗旨——大的打不过,小的都是仙儿。大的都是凶猛野兽,如狗熊(东北俗称"熊瞎子"),不要说现在不让捕捉,到了它面前,成为"野味"的都不一定是谁;"仙儿"则涉及民间世俗信仰,东北人对"仙儿"是不敢造次的。

所以,排除了一切不可能,今天东北人的"野味"基本只剩野菜蘑菇了。

然而,翻开历史画卷,东北人在很长一段时间里的确过着"茹毛饮血"的生活。为什么发展到今天,东北人吃的却一点都不"野"了呢?

捕鱼打猎:"老东北"的早期生活

尽管今天的东北是我国重要的粮食生产基地,但追溯至商周时期,其农业文明并不发达。有史学家认为,东北地区有三大基本族系:肃慎、濊(wèi)貊(mò)和东胡。无论哪个族系,基本都不事农桑。

这其中原因有三:第一,东北自然资源供给能力强,东北森林茂盛,江河众多,野兽成群出没,鱼类结队洄游,对酷爱打猎捕捞的古代东北人来说,食物来源基本不成问题;第二,古代东北尽管地大物博,人烟却很稀少,由此决定的消耗索取也很少,人们养成"靠山吃山、靠水吃水"的习惯,凭借大自然绰绰有余的赐予,间或采集野菜野果以改善口味,可以满足自身生存的需要;第三,东北漫长的冬天使得在这里生活的人对肉类脂肪的需求较大。

农业发展的迟缓又反过来影响人们获取食物的方式,当人们发现通过狩猎捕鱼可以满足生活需要时,精力自然就不会放在种地上了,这种影响持续至今。例如我国人口最少的民族之一的鄂伦春族,主要生活在小兴安岭地区,此地生长着繁茂的原始森林,拥有众多名贵土特产,栖息着许多珍禽异兽,于是,打猎成为鄂伦春族的重要生活方式。

"鄂伦春"一词的含义就是"使用驯鹿的人"。鄂伦春族世世代代几乎都是依靠枪、马、猎犬生活，在林海之中追逐獐、狍、鹿、野猪等野兽。鄂伦春人崇敬山神，认为山神掌管山林中的动植物资源。他们会在大树上削掉一块树皮，刻上一张老汉的脸，向其跪拜敬酒，以保佑有丰富的猎获。直到20世纪中叶，鄂伦春人的农业才稍有发展，开始半耕半猎的定居生活。

再如仅有5000多人的赫哲族，饮食以鱼、兽、野菜为主，"衣鱼兽皮，陆行乘舟"曾是赫哲人渔猎生活的真实写照。他们在春、秋、冬三季捕鱼。在夏季渔闲期，渔民们修理捕鱼工具，为捕鱼季节的到来做准备。他们的狩猎活动一般是集体进行，推选一名"劳德玛发"领导。少则二三人，多则十几人，一般由亲属和好友组成。居住在松花江流域的赫哲人主要以鹿和各种细毛兽为猎取对象；居住在乌苏里江流域的赫哲人，除鹿和细毛兽外，貂是其主要的猎取对象；居住在黑龙江下游的赫哲人，以猎取貂等细毛兽为主，辅以鹿、熊、虎等大兽。

并非所有山林的动物都能吃，一些动物救人的传说使得东北地区曾存在着动物崇拜，如在满族故事《达布苏与梅花鹿姑娘》中，梅花山就是一座通灵的神山，山上的动植物也因神山变得有灵气，体现出满族民众"万物有灵"信仰中的动植物崇拜。

以"万物有灵"为核心信仰的多神崇拜教萨满教为生活在东北地区的满-通古斯语族诸民族（如满族、赫哲族、鄂伦春族、鄂温克族、锡伯族等）所信仰。许多动物报恩的故事亦是这种"万物有灵""灵魂不灭"的信仰的变形。因此，有节制地开发，成为东北这片土地上生活的人的一个默契共识。

传统习俗的消退之路

近代以来，随着民族融合和现代化进程的不断加快，东北地区原有的民风民俗发生了重大变化。

东北地区在历史上属于"极北苦寒之地"，鲜有人口迁移，所以风俗习惯相对固定，较少受到冲击。

明末清初，东北地区战乱达20年之久，汉人纷纷逃离，居住在辽河流域的逃至关内，居住在东北地区的逃入朝鲜境内，东北地区汉人已是寥寥无几。清入关后，"从龙入关"者近百万，人口更是锐减。清室担心汉人侵其故土，康熙时乃施封禁，于山海关严行管理。尽管中间曾因关内灾荒等原因短暂开禁，但流入人口较少，且整体来看，封禁政策逐渐严厉，到了嘉庆八年（1803年），"凡山海关以外，概不许流民居住"，由此造成了东北边防空虚。直到咸丰十年（1860年）出了一道准许一些内地佃民上黑龙江垦地谕令，从此开禁放垦，鼓励移民实边，振兴关外。

在这封禁的200年里，清廷不仅保护了"龙兴之地"，也使东北地区的原有风俗习惯得到了间接保护。从当时清政府的土地占有形式上看，东北地区的土地大致可分为官地、旗地和民地。官地属于国家所有，包括禁山围场、牧场、官庄、屯田等，禁山围场和牧场严禁开发；旗地的所有权属于国家，使用权则属于分到土地的旗人，不得私售于民，但由于旗人少，所以旗地开发极为有限；民地是清代民人（汉族人）所有的土地，是民人私产。只有民地能够为普通百姓所开垦，东北地区的农耕发展受到很大限制。

咸丰末年开禁后，关内灾民大量涌入东北，年人口流动量由几万人到几十万人，甚至达到百万之众。19世纪，山东、河北等地连年遭灾，即便在封禁时期也有人冒着风险闯入关东，是为"闯关东"的开始，随着封禁政策的废除和清朝统治的瓦解，关内汉民越来越多地进入东北地区，这促进了东北地区的民族融合。

农业上，东北少数民族不谙农事、不知稼穑，汉族先进的农耕技术随着人口的进入得到广泛传播，少数民族仿而事农耕，逐渐改变了原有的生产和生活方式。服饰上，东北少数民族如达斡尔族原以狍头为帽、狍皮为衣，赫哲族以鱼皮为衣。由于汉族移民的影响和移民中商人的物资流通，他们的服装也发生了变化，开始仿制和穿着汉民服装。饮食上，"满洲宴客，旧尚手把肉或全羊"，这显然是游牧民族的饮食习惯，而汉民融入后，则"沾染汉习，亦盛设肴馔"，关内汉族食品如汤圆、粽子等也逐渐为少数民族所喜爱。

到了20世纪30年代，日本侵占东北地区，并且对东北地区的少数民族进行压榨、摧残与灭绝。据统计，1930年时，赫哲族约有1200人，到1945年抗战胜利后，仅存460余人。再以鄂温克族为例，由于鄂温克族是跨境民族，与苏联人杂居在边境地区，日本人很不放心，便对其采取隔离、迁徙等措施，迁居地的生存环境往往极为恶劣，水草不丰，大批牲畜死亡，使之既没有耕地，也没有游牧的生产工具，破坏了原有的渔猎的生活习惯。

就这样，到中华人民共和国成立前，东北地区依然"人口稀少，沼泽遍布"，如今天的"北大仓"，昔日被称为"北大荒"，它以黑龙江省北部的三江平原、黑龙江沿河平原及嫩江流域广大荒芜地区为主。

"北大荒，真荒凉，又是狍子又是狼，光长野草不打粮。"这是当时东北地区发展情况的写照。1947年，中国共产党揭开了移民开发这片荒原的序幕，这里出现了社会主义国营农场的萌芽。在这片土地上，诞生了中国最早的国营农场，十万转业官兵的开发更提高了这片土地的价值，使之成为中国农业现代化道路的典型代表。相对应地，东北地区原有少数民族的生活习惯进一步消退。

如今，旧有的渔猎生活成为一种文化景观，吸引着四面八方的游客前来欣赏，其中最为典型的就是吉林松原的查干湖冬捕。过去的查干湖冬捕为的是生存，而如今的查干湖冬捕则多了一层观赏的意味。

野菜：追寻自然的味道

不吃野生动物，野菜和野生菌却大受欢迎。确实如此。东北地区的山林中，诸多土特产可以满足食客的口腹之欲。除去人参、鹿茸等名贵品常不能得，山中的野菜和野生菌这类接地气的食材经常可以在市场上见到，也可以亲自采摘，它们也成就了许多知名的东北菜。

挖野菜的习惯古已有之。《诗经》中就有"陟彼南山，言采其薇"。平民百姓对野菜的感情要深得多，因为野菜对他们来说不仅仅是"菜"，更是青黄不接时的备用粮食，是灾荒年月的救命食品，历代官府和文人对此也多有关注，如明代文学家王磐的《野菜谱》。里面以图文形式介绍了60种野菜。明太祖之子朱橚曾主持考校各地可食的野生植物，编成了《救荒本草》一书，给414种植物绘图注疏，方便人们按图索骥。在传统的国人思维中，野菜有诸多药用功用，如清热解毒、降气化痰等，而且野菜基本不施农药，自然更加健康。其实野菜和野生菌在市场上也能见到，但或许价高，或许是挖菜能够缓解城市生活的压力，生活在东北的人还是喜欢亲自前往采摘。

遍数东北菜，小鸡炖蘑菇最为出名。这道菜看似粗犷，但食材选用很是讲究，蘑菇并不是随随便便在超市就能买到的香菇，必定选用榛蘑。榛蘑生长于针叶树或阔叶树的根部，尽管它并非为东北独有，但一道小鸡炖蘑菇，让榛蘑成为东北菜的重要食材，而且由于其主要分布于长白山山区、林区、浅山区的榛柴岗上，因此也可以称之为"东北特产"了。

另一种东北特产的食用菌是松蘑，顾名思义，松蘑必须与松树一起生长，以我国河北北部山区和辽宁西北部山区分布最广。松蘑可以说是彻彻底底的"野味"，因为它是目前极少数不能人工培育的野生菌之一，这也就吸引了许多人亲自采摘。往往在雨后的阴坡上，觅着松根就能采到。与榛蘑类似，松蘑也主要用来炖汤。这些蘑菇一般都是晒干后，用线穿好挂起来或是收起来，待到做菜前用水泡开。

如果说采蘑菇还有些麻烦，需要选择合适的天气和地点，而且经常找一天也没什么收获，那么挖野菜就方便许多了。一般在春天（由于东北地域辽阔，且冬季漫长，各地入春时间不一，笔者所在的辽宁往往要4月中旬左右，黑吉两省则更晚），在雨后的向阳坡就能采到，且分布较为密集。在春和景明之时，山坡上、水沟旁，常常可以看到人们手持小铲子挖野菜，曲麻菜、婆婆丁、蕨菜、车前草、马齿苋等都被装进了挖菜人手中的菜筐。挖野菜的地点一般需要互相打听，哪里人多菜少，哪里人少菜多，选择合适地点三五成群结伴而行，才能收获颇多。挖野菜的装备也要齐全，除了前面说的小铲子和菜筐，还要穿上长衣长裤，最好再戴个帽子——挖野菜是长时间战斗，即便是看似不精致的东北人也知道这时候要保护好自己。

对很多东北孩子来说，当妈妈问"我去年挖菜那个小铲子哪里去了，咋找不着了"时，意味着一年几度的挖菜活动就要开始了。虽然挖菜过后，常常带来的是腰酸背痛，但只要听到朋友说"你这挖的菜咋这么好！""在哪儿挖的，赶明儿带我也去呗！"就会激起斗志，忘记疼痛，再赴野菜"战场"。

素爱吃蘸酱菜的东北人自然也不会放过最自然的野菜蘸酱，地里的菜一端上桌，最原始、最能保留自然风味的就是蘸酱。这或许是目前东北人对待"野味"最"野"的吃法：一碗农村大酱，抓一把野菜，蘸两下放进嘴里，似乎吃到的不是野菜，而是自然和春天的味道。野菜的另一种吃法是包饺子，将野菜清洗干净剁碎，多放一些油，加些辅料，就可以包上一顿饺子了。这种成本低却美味无比的食用方法，着实是东北人最爱的春天滋味。

事实上，无论是古人打猎捕鱼还是今人采摘野菜，都包含着对自然的敬畏与尊重。古人的敬畏与尊重，常常出于信仰和一定的迷信，却加深了东北人与大自然之间的联系。今人的敬畏与尊重则要科学得多，黑土地上生长的各类粮食蔬果因土壤肥力十足而味道醇厚，各类可供食用的家禽牲畜也因长期食用黑土地滋养的植物而肉质肥美，山间林中的各种山菜、蘑菇、木耳等野味更是丰富了东北人的餐桌，相对而言，家畜家禽提供了充足的营养，动物野味肉质粗糙，土腥味重，不卫生，并不受人待见。

总之，无论古今，有一点应该达成共识，那就是食之有度，过犹不及。

鱼香肉丝没有鱼，老婆饼里没老婆

文：庚沅

曾经有一个段子流传甚广，说某北方人来到四川，腹中空空，于是到餐馆就餐，点了一盘鱼香肉丝。店家手艺不错，食客大快朵颐之后，却感觉哪里不对——

这鱼香肉丝里怎么没有鱼？

"鱼香肉丝和鱼到底有什么关系"这个问题可能在很多人的脑海中徘徊过。对大多数人来讲，这种问题无关紧要，随它去吧，吃饭要紧。

问题的种子就这样埋在了脑海里，直至鱼香肉丝的段子引发了一轮集体回忆与创作，一场关于菜名的灵魂诘问爆发了：

狮子头为什么没有狮子？

蚂蚁上树为什么没有蚂蚁？

松鼠鳜鱼为什么没有松鼠？

虎皮青椒为什么没有虎皮？

老婆饼里为什么没有老婆？

老干妈里为什么没有干妈？

夫妻肺片里为什么没有夫妻？

麻婆豆腐里为什么没有麻婆？

…………

住手！食用野生动物是犯法的！把人做成菜更不行！这只是菜名而已，不代表菜里就一定要有啊！

不过你有没有想过，既然菜里没有，为什么名字还要这么取呢？今天我们就来说一说给菜取名的那些事。

中国饮食文化的发展源远流长。相传，燧人氏钻木取火，从那时起，先民就已经吃上了熟食，进入石烹时代。到了黄帝时，中华先民的饮食又有了改善。黄帝发明了灶，方便了食物的烹饪。更为重要的是，人们开始食用食盐，使食物更加鲜美和健康。不过此时吃饭，大抵果腹即可，未必为食物取什么名字，就算取了名字，恐怕也无法流传至今。

给食物命名的历史，应始于战国和秦汉时期，人们首次以烹调方法的不同而区别食品，"蒸谷为饮，烹谷为粥"。到唐宋时期，随着国力的增强、百姓的富足，中国的饮食文化日益兴旺发达，食物种类不断丰富，至元代，以《饮膳正要》为代表的理论著作呼之欲出。

到了明清，饮食文化又进入一个高峰，不但继承和发展了唐宋食俗，还融入了满蒙的特点。这时，各地菜系已经形成，宫廷菜系也已发展齐备，大批名菜名点也都定型。资深吃货袁枚写下的《随园食单》被评为美食家必读之书。

中国的食客不仅关注饭菜点心的色、香、味，对它们的命名、品味的方式、进餐的节奏、娱乐的穿插等都有一定要求。

其中菜肴命名是非常重要的一环。

中国菜肴的名称可以说出神入化、雅俗共赏。菜肴的命名方法大致可分为两个流派：写实命名法和联想命名法。

写实命名法往往直接反映菜品所使用的食材和烹调方法，有时还会涉及色、形、味以及盛放食物的器皿。联想命名法则包罗万象，可能根据历史掌故、神话传说、名人食趣、菜肴形象等方面，为菜肴取个别开生面的名字。

采用写实命名法的菜肴大多方便理解，即使从未吃过也可以对菜品有一个基本准确的猜测。家常菜的名称往往属于这个范畴，比如西红柿炒鸡蛋、土豆炖牛肉、清蒸鲈鱼……毕竟谁会为每天吃的菜取个云山雾罩的名字呢？

不过你可能想不到，让无数人误会的鱼香肉丝，也属于写实命名法的范畴。所谓"鱼香"，指的是川菜中的一种味型。四川人做鱼，多用泡生姜、泡辣椒、郫县豆瓣酱，还放大量的葱。做"鱼香肉丝"，这几样也不可少，故鱼香肉丝某种程度上可以描述为像做鱼一样炒肉丝。也就是说，鱼香肉丝和糖醋排骨的命名没有什么不同，里面没有鱼是顺理成章的，毕竟人家也不叫肉香鱼丝啊。

联想命名法并不墨守一定之规。可以用人名、地名，也可以用成语、俗语。其中有非常质朴的，比如以人名入菜名。个中翘楚，不得不提两位：一个是中国人餐桌上的传统"硬菜"东坡肉，一个是西方中餐的代表"左宗棠鸡"。

受孔夫子影响，中国文人向来是一组矛盾体，一方面"食不厌精，脍不厌细"，另一方面又"君子远庖厨"，又想吃得好，又不想做饭。苏东坡则不然,他以诗文见长之外,亦以美食家的身份享有盛名。

有《食猪肉诗》为证:"黄州好猪肉,价贱等粪土。富者不肯吃,贫者不解煮。慢著火,少著水,火候足时他自美。每日起来打一碗,饱得自家君莫管。"这其中的理念,至今还是做红烧肉的最高"理论指导"。

与"东坡肉"不同,"左宗棠鸡"和那位清末名臣左宗棠一点关系也没有。1952年,一名中国台湾厨师彭长贵负责接待美国海军上将阿瑟·雷德福。彭长贵为了满足贵宾的要求,结合了多个菜系的风格,自创了这道新菜。在被阿瑟问到菜名时,这位厨师一时想不到什么好名字,只想起自己湖南老家出过一个著名人物左宗棠,便随口答道:左宗棠鸡。就这样,一位清末重臣竟然因为一道菜肴,再次为人们熟知。

以地名入菜名的情况也并不鲜见。西湖醋鱼、南京板鸭、宣威火腿、哈尔滨红肠……其中最著名的恐怕是北京烤鸭。这类菜肴往往承载着一种复杂的情感,一方面,它是"一城一味",是本地的名片,是所有同乡的共同记忆和共有财富;另一方面,商业化的浪潮也盯上了这些久负盛名的名菜,让它们的样貌同儿时的回忆渐行渐远。此时此刻,这些传统名菜恐怕已经在大江南北衍生出了数十种真假莫辨的变体。

以熟语入菜名则不拘一格,既可以使菜名横生意趣,让人忍俊不禁,也可以让菜名如诗如画,情趣高雅。比如"蚂蚁上树",如果使用写实命名法,大概会叫"肉末炒粉丝"吧。取名"蚂蚁上树",则既形象生动,又让人印象深刻。另有江浙菜名为"炸响铃",一眼望去不明所以,实为豆腐皮卷入精细肉末,切成寸段,油炸而成。因豆腐皮薄如蝉翼，成菜食时脆如响铃，故名，着实妙哉。还有一道菜，名叫"悄悄话"，何解？猪耳与猪舌的拼盘！不得不佩服取名者的幽默感。

还有一些菜名，带着浓厚的时代色彩，反映了人们当时的愿望。抗日战争时期，在重庆等地菜馆中出现了一道菜，名叫"轰炸东京"。它是在刚油炸出锅的锅巴上浇上烧滚海参或者虾仁的热汤，二者相遇会发出的一阵噼里啪啦的响声，象征东京遭到了炸弹的轰炸。这道菜大受欢迎。

如果说流行于市井和乡间的"下里巴人"来自日常生活的总结和发明者灵光一现的妙想，那么活跃在庙堂和宫廷的"阳春白雪"则来自名厨的匠心独运或墨客的精妙构思。

在中国林林总总的菜名中，将诗情画意融入其中的并不占主流，却构成了中国菜名文化的高峰。"有境界自成高格"，中国菜之菜名美，往往给人以美的享受，在寥寥数字之间折射出美的时空，达到了"言有尽而意无穷"的境界。

中国菜名往往善用比喻，给食客一种既可感可触，又身临其境的艺术享受。如徽菜中的"百燕打伞"、滇菜中的"喜鹊登梅"、豫菜中的"金猴卧雪"、五台山佛门寿宴里边的"莲蓬献佛"、满汉全席里边的"金鱼戏莲"等，无不意象动人，趣意盎然。

又比如，粤菜"百鸟归巢"，用青菜丝围成一个"鸟窝"，中间放上几个剔透的鹌鹑蛋，绕窝摆几只肥硕的禾花雀，盘底浅浅灌一些鸡汁，似一泓轻轻流淌的小溪水。整个画面自然、恬静，宛如一幅田园风光图画。食者尚未举箸，便会沉醉于"山气日夕佳，飞鸟相与还"的遐想之中。

诗与食常常互鉴。除了上面提到的苏东坡，陆游也是一位美食诗人，他的《鹧鸪天》中有"清酒如露鲊如花"之说，读来就让人食欲大发。这句诗的"鲊"，其实是一道五代十国时期的名菜，玲珑牡丹鲊。宋代陶榖的《清异录》记载："……以鱼叶斗成牡丹状，既熟，出盎中，微红如初开牡丹。"可谓色、香、味、名四者俱美。

语言和文化密不可分。各具特色的菜名不仅体现了中国绝妙的烹饪技术，也体现了中国传统饮食文化的深厚底蕴。那些或古老、或新潮、或典雅、或俏皮的菜名，像文化的年轮，记录着那些或辉煌或惨痛的历史，吟诵着船夫的号子和诗人的妙语，描绘着乡村里的缕缕炊烟和庙堂中的款款歌舞，刻画着大浪淘沙、与时俱进的内涵。

如今是一个信息爆炸的时代。新事物不断创生与湮灭，有更新潮的食物出现了，更新潮的菜名出现了，它们挑战你的味蕾，轰炸你的神经，但时间会留下最珍贵的。"尔曹身与名俱灭，不废江河万古流。"食单可以不断丰富，但陪伴我们最久的还是那股中正平和之味。

味觉是人最深刻的记忆之一。无论走多远，只有故乡的味道在人们的脑海中熟悉而顽固，它就像一根细线，一头锁定在千里之外的异地，另一头却永远牵绊着记忆深处的故乡。无论身在哪里，中国人总有一个中国胃，想念的是中国味。菜名也和菜一起，成了中国人的共同牵挂。孤单或者寒冷的时候，总有一个简单的菜名可以输入记忆的密码，拨动时间的开关，唤醒对幸福的记忆。

宋代的吃货美学

文：黄薇

现代人喜欢拿穿越说事，就美食而论，宋代大约为一道分界线——穿越到此时不会再在饮食上感到别扭。首先不再难受地跪着进餐，围坐一桌的合餐制已成主流；煎、炒、烹、炸越发普及完善，在各地饮食风味差异基础上形成的菜系渐成气候。除了土豆、玉米、辣椒、番茄、红薯、洋葱等尚未引进，那么不点土豆炒肉、松仁玉米、辣子鸡丁等就是了，其他今日有的差不多都已齐备。倘若有幸到汴梁或临安这样的一线大城市，食物种类之琳琅满目恐怕会引发选择困难症，夜市亦几乎通宵达旦，如果是懒宅人士，亦有外卖可送；素食主义者也不必发愁，宋代发达的素馔使蔬果不再甘作配菜，而做得精致绝伦，现在素菜馆子里的仿荤食品也在此时遍地开花，甚至想边吃边坐而论道，探讨饮食玄妙哲学，也有喜谈理性的文人雅士作陪，所谓

"人间有味是清欢",吃出淡泊超脱的流风余韵。

今人常说"开门七件事,柴米油盐酱醋茶",这一说法始于宋代,翻开众多中国饮食文化史类书籍,往往也把两宋300多年看作形成中国味道的转折时代:口味形态接近近代饮食面貌,政权南迁带来南北饮食交流融合,民间饮食热情高涨,泛览宋人笔记十九皆涉饮食……学者葛兆光提出,"唐文化是古典文化的巅峰,而宋文化则是近代文化的滥觞",放到饮食文化上,这点同样成立。

从分食制到合食制

中国人口在宋代大幅度增长,宋徽宗时首次破亿,这与粮产量的稳定充足相关。宋代主粮仍为粟、麦、稻,占城稻即在此时被引种推广,占城即今天越南中南部,历史上盛产水稻。据《湘山野录》记载,宋真宗重视农业生产,取得占城稻种后,亲自在皇宫后苑种植,并将收获之稻米让王公大臣品尝。占城稻具有耐旱、早熟的特点,对宋以后稻麦两熟和双季稻的发展产生了深远影响。

南方食稻,北方多食麦,唐代北方小麦生产消费已远超小米,以小麦为特征的中国面食体系基本成形,馒头、包子、饺子、面条、饼为代表的五大品类,沿承至今。从宋代的食谱史料来看,这一时期的烹饪技法变化多端,仅从菜肴名称观之,就有炸、炒、炙、煮、蒸、烤、煎、煨、熬、烧、焐、焙、擢(即"汆")、拌、泡、涮等二三十种,现代烹饪的不少用语从宋代开始出现。现在中国人最常见的炒,也始兴于宋代。观宋人笔记,炒制之食物屡见不鲜,炒兔、生炒肺、炒蛤蜊、炒蟹、旋炒银杏、炒羊,蔚然可观。

首先是燃料上的改进，宋代煤炭业相当发达，庄绰《鸡肋编》写道："昔汴都数百万家，尽仰石炭，无一家然（燃）薪者。"虽不免有夸张成分，但烧炭比烧柴确实先进不少。

另外在宋代，人们开始使用植物油。宋人用植物油时通常不会特指，用到动物油时，一般称肉脂、羊脂、猪油等，会专门予以说明。动物油甘香美味，但不适应高温爆炒，容易煳。宋以前，芝麻油在植物油中长期占据主导地位，但生产成本太高（原料为白芝麻，黑芝麻通常直接吃），宋人一般用芝麻油来凉拌。产量高、成本低的菜籽油在大众油料中占据主角地位，大规模压榨豆油的工艺还得再等等。皇家常用紫苏籽压榨的荏油，油料大家族中还包括蔓菁油和莱菔油等。莱菔就是萝卜，用萝卜种子榨油是宋朝人的发明。植物油中的不饱和脂肪酸，使之优于动物油脂，这已为营养学家所公认，有助于提高健康水平。

唐代中后期，古老的分食制开始向众人围坐进餐的合食制转变。分餐制虽然卫生，但主要是显示等级差别，地位越高者，食案上饭菜数量越多。随着技术进步、生活丰富以及观念的转变，加之宋代家具也变为高桌大椅，这都促成共器共餐的合食制成为宋代主流饮食方式，延续至今。分餐制在宋朝有一点遗留，一是寺院里和尚仍坚持分餐，现在依然如此；二是皇帝大宴群臣，臣子共餐，但皇帝本人还是独据一张餐桌。

市井饮食的盛世

据学者考据，北宋东京与南宋临安人口最盛时都在百万以上，是当时世界上最大的城市。

不同于唐代，宋代都城废除了坊市分割，"开封成了中国古代第一个敞开型的城市"，热闹的夜市有时持续通宵。在东京开封，无论贵胄还是平民，都能各得所需。著名的酒楼有72座，号称"七十二正店"。

中型店铺虽无大饭庄那般气派，但专攻单一类型，也能凭独当一面的美食吸引顾客。如曹婆肉饼、薛家羊饭、梅家鹅鸭、曹家从食、徐家瓠羹、郑家油饼等，像武成王庙前"海州张家饼店"一家就有五十多座烤炉同时运转，也是规模惊人了。若觉囊中羞涩，还可去"打碗头"的散酒店消费，一些小店"专卖家常"，如虾鱼、粉羹、鱼面等快餐，"欲求粗饱者可往"。

宋代饮食平民化的倾向还表现在正餐之外极为繁荣的点心果子上。面条、馄饨、饺子之类的小食，茯苓饼、桂花糕等糕点，酥、酪、乳团、乳饼等各式乳制品，契合不同时令季节。宋代民间藏冰兴起，使一度曾是奢侈品的冷饮走入寻常百姓家。

发达的商业文化使得社会分工很细。在汴梁、临安，若是想自办宴席，也有"四司六局"可选，包括专掌布置打扫事项的"帐设司"，专掌切配烹调的"厨司"，专掌送菜及清洗盘碗的"台盘司"，专掌送迎招待的"茶酒司"，以及果子局、蜜煎（饯）局、菜蔬局、油烛局，掌管桌椅和洒扫、擦抹、插花挂画的排办局，掌管醒酒药的香药局。这种一条龙服务，就是如今请客吃饭也没有这般完善的。

北宋都城汴梁已出现三大菜系：北食、南食、川饭。宋初，朝中以北人为多，中叶以后，南人大量增加，不少还官至宰相。汴梁开设的南食店，就为南方人服务，后成饮食风尚，主要经营"鱼兜子、桐皮熟脍面、煎鱼饭"等。川饭即川菜，则有"插肉面、大燠面、大小抹肉、淘煎燠肉、杂煎什件儿、生熟烧饭"等。川饭当然与现在的川菜大异其趣了，辣椒在明清时才传入，但也是当时的麻辣厚重风味。宋代人如何吃辣？主要靠生姜、胡椒、芥末和辣菜。

北宋初年，宋太宗问大臣苏易简："食品称珍，何物为最？"苏易简说"物无定味，适口者珍"，然后揭秘对他来说是无上美味的"齑汁"——把姜、蒜、韭菜切碎捣泥，再兑上水，加胡椒、盐混合。这有点像喝作料汤了，苏易简也是四川德阳人。

士大夫雅俗共赏的饮食

两宋时偃武修文，一些出身低微的"寒俊"通过科举制占据世袭贵族留下的真空，比如范仲淹、欧阳修等人，既是一流学者，也是出色的政治家。士大夫阶层崛起，将他们的人生修养、美学趣味注入饮食文化中。君子不用远庖厨，饮食同样无小事。

宋代的知名大厨不少都是女性。"京师厨娘"的美名一度让民众不重生男重生女，技艺精湛的厨娘都是高收入人群。宋人笔记《江行杂录》中写道，某离休郡守一心聘回一位京师厨娘，厨娘气质容貌俱佳，带来的厨具全由贵重白金制成，试厨宴会上做了家常菜羊头佥和葱齑，味道跳脱不凡，宾客一致称好。但第二天郡守却借故将她辞退了，只因用料太精，昨儿两道菜共耗费十个羊头、五斤川葱，每次大宴后还要支付一笔"绢帛或至百匹，钱或至三二百千"的赏金，他掂量了一下，长此以往，实在是吃不起。

不少人将火锅的诞生追溯到宋朝，与《山家清供》的作者林洪联系起来。他自称是"梅妻鹤子"林逋的后人,受士林圈排挤,索性隐逸山林。《山家清供》堪称一本文人雅士的饮食指南,技术性的煎炒烹煮菜谱前,要讲诗文、掌故和做菜故事,让人清楚每道菜的来历。话说林洪某年冬天到访大雪后的武夷山,捕到一只野兔,六曲峰的道人止止师建议,不妨因地就简,用山野之法烹制:野兔剥皮去骨,肉片成薄片,加酒、酱、花椒稍微腌渍,同时燃起小风炉,炉上置少半锅水烧沸,围聚桌旁,夹肉浸入沸汤烫熟,各自蘸酱汁佐味,果然味道令人叹绝。五六年后,林洪又邂逅了这种别致吃法,唤醒了曾经的美味记忆,忍不住作诗:"浪涌晴江雪,风翻晚照霞。"正是后来菜肴"拨霞供"名字的起源。热汤翻滚如雪白浪头,短短几秒,殷红肉片便化作晚霞般的浅粉色,可以说将涮肉片形容得很是诗意了。"拨霞供"和今天的涮锅异曲同工,能保证食材鲜嫩的口感,只是今天的肉片往往不做前期处理,一烫一蘸而已。

在宋代,饮食还有一大变化,便是重视素食,这是宋代士大夫饮食生活的重要特点。爱吃肉的苏轼也写过《菜羹赋》,把素食写得非常富于诗意,并与安贫乐道、好仁不杀联系起来。《东坡羹颂》写道:"不用鱼肉五味,有自然之甘。"他还有一道用新鲜蔓菁、萝卜混合白米煮的"东坡羹"传世。唐代士人饮食古风犹存,粗犷豪放,以肉食为美,也有赞美笋、莼菜、葵菜、春韭的,但不普遍。"宋代士大夫几乎没有不赞美素食的,苏轼、黄庭坚、陈师道、洪适、韩驹、朱熹、楼钥、陆游、杨万里、范成大无不如此"。宋代士人把食素提到修身从政的高度,黄庭坚画蔬菜题词云:"可使士人大知此味,不使吾民有此色。"有宋儒进一步发挥说:"吃菜根百事可作。"宋人还将素食吃出理论水平,所谓"自然之味"就是蔬菜的本味,现代人追慕返璞归真的"本味论"就是在宋代产生的,后被清代的李渔在《闲情偶寄》中发扬光大。

这一时期传入的瓜果有西瓜,大约在南宋时推广种植,诗人范成大出使金国时写过两句诗:"碧蔓凌霜卧软沙,年来处处食西瓜。"比较主流的说法是,西瓜最早从埃及传入希腊,再到中亚细亚,而后传入新疆、内蒙古,最后从内蒙古传到中原。水果种类丰富了,鲜花同样走上了餐桌,宋代出现了十来样花卉入菜的菜品,比现在常见的茉莉花炒蛋更精致,皆为文雅趣味的精制餐点。宋高宗的吴皇后喜吃牡丹花,生菜和现采的牡丹花瓣拌和,相当于在吃牡丹沙拉了。

如果评选美食代表,北宋首推苏轼,南宋则为陆游。翻开陆游的《剑南诗稿》,写饮食的诗为数不少,其中讲素食的占了大部分。这当然与他官运不济,晚年生活清贫有关,70多岁时连常用的银酒杯都变卖了,日食二餐,"始知天地有穷人"。一写起吃素,陆游笔下就活络起来,"生菜入盘随冷饼,朱樱上市伴青梅""青菘绿韭古嘉蔬,莼丝菰白名三吴""黄瓜翠苣最相宜,上市登盘四月时。莫拟将军春荠句,两京名价有谁知",皆脍炙人口。

陆游最喜欢吃荠菜,曾作《食荠》《食荠十韵》等诗,称颂备至。"荠糁"是陆游的厨艺绝活,其"烹饪有秘方","候火地炉暖,加糁沙钵香","啜来恍若在峨岷"。陆游亦推崇食粥,有诗云:"世人个个学长年,不悟长年在目前。我得宛丘平易法,只将食粥致神仙。"他最后也确实长寿,活了85岁,据说晚年依然耳聪目明。药食同源的理念在宋代盛行,药典中益精明目的枸杞、健脾润肺的黄精、和胃安神的茯苓、滋阴补肾的熟地黄,都以普通食材的形式现身餐桌,现在这类食物统称为养生药膳。

对宋代的评价观点常常两极,有传统的"积贫积弱"说,也有不少外国学者认为宋代是中国历史上最辉煌的时期,许多近代城市文明的特征"比西方提早500年"。宋代确是一个亦俗亦雅的时代,"平民化、世俗化、人文化",世俗文化大放异彩,升斗小民也能有温热丰富的食物慰藉劳生,士大夫的旨趣引导全民的品位。市井饮食与隐逸品味和谐并存。追溯如今中国人审美与生活通融的美学源头,也许都要回到宋朝。

如何在吃火锅时区分南北方人？

文：樵棂

冬天，火锅面前，人人平等。然而，在蘸料这件事上，南北又出现了分歧。北方人颇爱浓稠的麻酱蘸料，认为食物在麻酱包裹下既被赋予了灵魂，又能中和火锅的辣味；南方人则偏爱蘸水和香油碟，认为麻酱只会引起食材味道的同一，唯有蘸水，才是丰富、补充和点缀。

蘸水的习惯古已有之

蘸水源于古老的"齑"，是指在入口之前将食物过一遍调料，这一点，南北的蘸水蘸料都一样，比如北京的烤鸭先过一下面酱，北方人吃蔬菜过一过大酱,广东人吃白切鸡过一过味碟,日本人吃刺身过一下芥末酱,等等。

古代的齑主要用于蘸切脍。切脍就是生肉片,蘸肉片多用味重的齑,一是掩盖肉腥味,二是杀菌保证食物质量。现代生食鱼片多用芥末作为蘸料,芥末味辣而冲,就是古代的齑。

古代最有名的蘸料当为"八和齑",北魏贾思勰《齐民要术》曾有"八和齑第七十三"的专门介绍。所谓"八和",主要是"蒜一,姜二,橘三,白梅四,熟栗黄五,粳米饭六,盐七,酢八"。如今,白梅已经很少出现在我们的餐桌上,但蒜蓉、姜米却颇为常用,江西一带也还保留着用腌橘皮调味或作为辅料的习惯。熟栗黄与粳米饭主要的贡献是让齑变得更加黏稠(所以古人也是"蘸料"一族),而盐和酢(现在的醋)在当前也是重要的调味料。

总体来看,古代的八和齑调和出的是一种酸辣味。

除此以外,古代也有橘蒜齑、白梅蒜齑、韭菁齑、不寒齑、梅花齑等。发展至今,"齑"字已很少使用,现代人通常用"蘸碟"来指称这些蘸料,也逐渐分化出北方蘸料和南方蘸水两类不同的吃法。

北方"麻酱蘸一切"

北方人的蘸料只在吃火锅、吃春卷(春卷蘸料多用甜面酱)时闪亮登场,吃饺子的时候,好一口醋的北方人必须得吃上蘸水。当然,这个只有醋、辣椒和少量调料的蘸水,南方人是瞧不上的。

蘸料之所以能风靡北方,是因为北方火锅多以羊肉为主要涮料,汤底以清汤为主。地道的老北京涮锅就是铜锅炭火,清水汤底。即便要加底料，也不过大葱几截、生姜若干罢了，因而注定无法"降住"羊肉的膻气。而不带膻气的羊肉，对内蒙古、青海以外的多数北方人而言，只存在于"传说之中"。因此，用香味浓重的麻酱，既能让刚刚从沸水中捞出的羊肉快速降温，也能最大程度遮盖腥味，吃起来怎一个美字了得？

云南第一怪，蘸水人人爱

说是南方人颇爱蘸水，其实主要分布在云贵川三地，东南地区人民喜欢的沙茶酱也是蘸料的一种。而在云贵川三地，"万物皆可蘸水"的主要代表还是云南人民。

在云南，一顿饭吃得饱不饱，往往要看蘸水好不好，一场酒席办得好不好，常常要看蘸水妙不妙。人们烹羊宰牛办酒席，杀猪宰鸡筹年饭，乃至平时杀一只鸡，宰一只鸭，炖一只猪脚，煮一块腊肉，都要精心调制一碗蘸水。即使农忙时节一家人回来煮一棵老苦菜，也不忘烧一把煳辣子，打一碗喷香的蘸水。有朋自远方来，云南人就更要精心打一碗蘸水，让客人吃好吃饱，因此，云南有"无蘸不饱饭"的俚语。

云南蘸水，可以根据个人喜好和现有食材来临时调配。盐巴、辣椒、味精、花椒、酱油、腐乳、大蒜、葱花、芫荽、薄荷、姜、白醋、茴香，以及野生的刺芹、香薷和野坝子，都是云南蘸水常用的材料。

刺芹，有排毒美颜作用，不仅可以当蘸水作料，还可以炖猪脚、煮排骨，也可以直接凉拌食用。

香薷也叫香茹，云南民间称之为野苏麻，有发汗解表、和中利湿的作用。香薷喜欢生长在潮湿的背阴坡，秋季开浅紫色的串串花，只要手碰足触，便会散发出郁郁的香味。

花形与香薷相似的野坝子，也是云南野生的蘸水作料。野坝子微苦、微辛、微凉，有清热解毒、消食化积、止血止痛、祛除轻微感冒的作用，其花蜜的药用价值极高，因而成为云南蜂蜜的头号特产——野坝子蜂蜜。云南人除了用它做蘸水作料之外，还喜欢将它晒干，泡出带野坝子清香的茶水来招待远客，雅称野坝子茶，俗称"野坝子水"。

云南食用最广泛的应该是"糊辣子蘸水"。辣子就是辣椒，原产于美洲大陆，明代传入中国。我国最早的辣椒记载见于明高濂的《遵生八笺》（1591年）："丛生，白花，果俨似秃笔头，味辣，色红，甚可观。"1621年刻版的《群芳谱·蔬谱》也载："番椒，亦名秦椒，白花，实如秃笔头，色红鲜可观，味甚辣，子种。"云南民间种植的辣椒品种繁多，著名的有文山小米辣、版纳朝天椒、野生椒、德宏涮涮辣等。

辣椒最早用于烹调，和众多的食物一样，就是直接用火烘烤，也就是"糊辣子"。待辣椒稍凉变脆，放入专门用来加工糊辣子的竹筒里，用木棍捶捣，倒在碗里，拌上调料，加上开水或者汤，就成了糊辣子蘸水。

云南民间还有腐乳蘸水。云南的一些腐乳会加入菜油泡，称为油腐乳，彝族人正是制作浓郁回味腐乳的高人。他们的蘸水也多以腐乳为主料，再加入芝麻油、花椒油、花生酱和芫荽、葱花等。受其影响，大部分云南人在吃烧烤和火锅时用腐乳蘸水，辣味少些，味感增强。

云南人吃火锅的时候，蘸水特别讲究，往往一人一碟蘸水，旁边还备有足够的鸡精颗粒、辣椒面、胡椒面、盐巴、芫荽、葱花、腐乳……蘸鸡蘸鱼蘸蘑菇，蘸牛蘸羊蘸海鲜，根据个人口味，调制出适合自己口味的蘸水来，因而不至于胃口不合而吃不饱饭。不仅如此，云南人还善于根据所吃的内容来选配不同的蘸水作料，一般情况，吃鸡肉，加野坝子；吃羊肉，加花椒；吃牛肉，加薄荷；吃乳猪，加蒜泥；吃鱼肉，加腐乳；吃凉白肉，加小米辣……

除了厨房中需要烹调的食物，在云南吃水果也用得上蘸水。云南人最爱的单山蘸水，将各种酸涩水果一次又一次从水深火热之中拯救出来。当你觉得青色的大杧果还没有熟的时候，云南人早已经熟练地给杧果削皮切块，然后洒上单山蘸水。青杧的本味酸涩，甚至有点难以下咽，但是在蘸水的作用下，竟然产生了令人难以置信的化学反应。酸与辣的碰撞，产生了一丝丝让人回味无穷的甘甜。除了青杧，各种酸涩水果都能安排上蘸水，让人的味蕾因为这奇妙的组合而迎来高光时刻。

云南民间还有干蘸料。干蘸料主要就是煳辣椒面加盐，在建水吃烧豆腐，在昭通吃烤洋芋，在临沧佤族地区吃火烧肉，蘸料都是这爽冽的干辣椒面。

至于为什么云南人民喜欢蘸水，在历史上与茶马古道流传的马帮传说有些许联系。马帮赶马途中在山野里做饭时，会随身敲下一小坨盐巴，烧得通红，往山茅野菜的汤锅里一扔，这或许就是最早的蘸水雏形了。随着马帮的脚步，蘸水也逐渐传到千家万户，人们也逐渐学会广泛利用蔬果植物中的芳香辛辣和发酵酱料间的排列组合，满足对美味的追求，直到今天发展成南方朋友饮食中不可或缺的一部分。

而现代人喜欢蘸水，一方面是天气的原因，云南大部分地区四季不明显，较为简单的气温感知培养出他们相对"单一"的味觉偏好，他们似乎天生就对繁杂的烹饪方式不感兴趣，而只是力争保持食材本身的纯粹味道。另一方面，蘸水的过程对他们而言是食物在被食用之前的最后一道"消毒"程序，这和广东人吃饭前一定要洗碗筷的习惯相似，既是一种仪式感，也颇有一些心理安慰的意思。因此，云南也会把蘸水碗叫作"消毒碗"。

蘸水的使用也是方便的，一群人聚在一起吃饭或多或少有着口味不一的问题，通过主动调配的蘸水，就可以完美解决这个问题。有时候饭主来晚了，饭菜凉了，只要在蘸水碗一滚，吃了准没事。吃火锅的时候，再滚烫的菜肴，蘸水碗里一淹，温度就骤然降下，变得适口，因而，也有人把蘸水碗说成"餐桌上的空调"。

麻辣川渝与香辣贵州

除了云南，四川和贵州两地喜食蘸水的习惯也已绵延多年。

在四川，吃火锅的经典搭配应属香油碟，其中再根据个人爱好加入葱、蒜、芫荽、折耳根、小米辣、榨菜丁等，给本就足够麻辣的食材增香提味。

除了油碟，吃火锅串串、冷锅串串、油炸串串时，四川人还有一道特殊的干碟，里面撒上辣椒面、黄豆面、花椒面和少许盐，吃起来又香又辣又过瘾，让人回味无穷。

油碟搭配干碟，双碟合并的吃法在川渝的火锅餐桌上极为常见。羊肉、鱼鲜等食材蘸油碟可适当解辣，增加香味，而毛肚、黄喉、腰片、鸭肠只有滚落在干碟里，才能在最大程度保留原味的同时，丰富香辣口感。

除了火锅，四川还有一道蘸水名吃就是豆花了。刚刚打出来的豆花原本只有单调的豆香味，正是因为蘸水的加入，让朴实的豆花瞬间别具一格。一般来说，豆花的蘸水都是老板配制好直接端上桌，所以其中的配料还是店家的独门配方。到了四川，如果想要体会豆花蘸水的快乐，街边只要看到"豆花火锅""豆花饭""荤豆花"等招牌，进去就完事了！

到了贵州，蘸水的地位更加凸显，因为蘸水就是贵州菜的灵魂。越是简单的食材，越能体现蘸水的可贵。一份清淡爽口的烫菜，街边的小吃，炸洋芋、烧豆腐，配上蘸水，简直人间美味。贵州人做饭时，将新摘的朝天椒切碎拌入调料，干辣椒用炭火烤煳捣碎，糟辣椒则要在密封的坛子里腌制发酵，越陈越香。

因此，去远方的贵州人在临走前总要捎上一瓶辣椒，因为它能专治各种水土不服。如今，贵州人做出的红遍世界的"老干妈"辣椒酱也通治全国人民去往世界各地时的水土不服。

贵州对辣椒的喜爱，对比其他地区有着更为深厚的"历史渊源"。四百多年前，在别人还拿辣椒做观赏植物时，贵州人已经将它开发为下饭的美食。清初，我国最先开始食用辣椒的便是贵州及其相邻地区；康熙年间，在食盐缺乏的贵州，"土苗用以代盐"，用辣椒的辣味代替盐味；到了乾隆年间，贵州大多数地区开始大量食用辣椒，连带着与贵州相邻的云南镇雄和贵州东部的湖南辰州府也开始以辣椒为食；嘉庆年间，黔、湘、川、赣等地开始广泛种植辣椒；道光年间，贵州北部已经是"顿顿之食每物必蕃椒"；清代末年，贵州地区盛行的苞谷饭，便是用水泡盐块加海椒，用作海椒蘸水；后来，贵州的辣椒之名还走向世界。2016年，美国有线电视新闻网站旅游频道推出报道《中国辣王国：如何像贵州本地人一样吃辣》，让贵州的辣椒传到海外。

无论是偏重鲜香的北方蘸料，还是颇为爽辣的南方蘸水，人们对日益丰富的味蕾需要的满足，其实正是对生活趣味的向往和追索。人生一世，吃穿二字，唯有衣蔽体、食果腹，在此基础上还能更进一步，穿得美、吃得好，我们才能发现日复一日的寻常人生里的美好，才能信心十足地开辟自己的领土与疆界。

所以，分什么蘸料蘸水呢？吃就完事了！

奶茶里面不放奶？内蒙古奶茶第一个不服！

文：樵棂

不知从何时开始，我们经常能看到大型商超和街道巷口的奶茶店门口排着长队，甚至有人还会拍照晒图，奶茶摇身一变成了"网红"。许多明星也在喝奶茶的路上渐（越）行（来）渐（越）远（胖）。

2019年11月12日，福建省消委会、福州市消委会针对40款市场上较为火爆的现制现售奶茶开展比较实验，实验结果让人大跌眼镜。总结而言，奶茶不一定有奶，微糖不一定不含糖，脂肪量超过你想象，咖啡因含量有点高……

这么一看，奶茶对爱美人士颇不友好——减肥要减脂，所以要少食脂肪；抗衰要抗糖，所以要少摄入糖分；状态好要作息规律，所以要谨慎食用咖啡因以免兴奋到难以入眠……

不过，网友倒是十分平静。有人觉得"喝奶茶是为了健康吗？不，是为了快乐！"认真就输了……

但更多人还是被奶茶里没有奶所震惊，因为奶与茶组成的CP（组合），自古以来就缺一不可。

1

其实，回顾历史，奶茶一直是很多人的生活必需品，而且是真真正正的奶与茶的结合品。

从"风吹草低见牛羊"的内蒙古大草原，到"世界屋脊"青藏高原，由于生存环境严酷，当地人常年缺少蔬菜水果，主食多为牛羊肉、面粉。为了补充身体所必需的维生素，他们便寻找最佳的维生素补充来源——茶叶。茶叶含大量的维生素C，成年人每天至多摄入5克茶叶和1斤牛奶熬成的奶茶，就足以维持体内营养平衡了。

对于生活中奶源充裕的游牧民族，将奶与茶合二为一，就显得自然而然。

奶茶，蒙古语为"苏贴切"，清代诗人姚元之在诗中译为"稣迭差"。

据历史资料显示，早在秦汉时期，活跃在北方的游牧民族就有"食肉饮乳"的生活习惯。

汉代以后，乳制品输入中原，受到中原各民族的喜爱。对此，汉代宫廷还曾设置制作、管理乳制品的机构，专为皇家供应乳酪和奶茶。

至唐代，奶茶的饮用已盛行南北。与此同时，随着中原地区与边疆少数民族间的交往日益频繁，饮茶之风渐为边疆民族所接受，茶叶也源源不断被输往满族、蒙古族、藏族等少数民族居住区。尤其唐太宗时，文成公主远嫁松赞干布，不仅带去了茶叶，还向当地人传授了烹茶技术，教会牧民用奶和茶熬制奶茶，备受人们青睐。

不知不觉间，牧民已形成了"宁可三日无粮，不可一日无茶"的生活习俗。

到了宋朝，宫廷还在边关实行茶马互市，并建立提举茶马司专管此事。茶叶由此引进内蒙古草原，并在成吉思汗时代成为当地居民的饮食习惯。

不过，在做法上，奶茶并不是"合二为一"那么简单。

以蒙古奶茶为例。熬制奶茶需要用干净清澈的冷水，通常牧民会用从河里或井里打来的"新水"。奶要用刚刚挤出来的新鲜奶汁，稍陈旧变味都会影响茶味。此外，一定要使用铁锅或铜锅熬奶茶。

熬制时，牧民们会先把砖茶捣碎，放入新水煮沸后，用勺扬数次，在这个过程中再加入少许清水。而在茶叶的用量上，各地习惯有所不同：锡林郭勒盟和昭乌达盟（现已撤销）一带的牧民爱喝浓茶，呼伦贝尔盟以及新疆、青海、甘肃一带的牧民爱喝淡茶。

茶水熬好后，要将茶叶滤出并倒出茶水，将锅刷洗干净后再用羊尾油或黄油炝锅，此时将刚刚倒出的茶水倒入，再加上鲜奶煮沸，此过程中继续用勺扬起搅拌，直至茶乳交融。

此时，有些地方的牧民会在奶茶里放盐，有些则什么也不放，待做成后根据食客个人的口味加料。

奶茶煮好后，主妇会先用勺舀出少许向天空和大地泼洒，意在向苍天、大地和祖先敬献奶茶。

此外，牧民还会在喝奶茶时配上其他小食，以扩展奶茶风味。通常，牧民会佐以炒米、黄油、奶豆腐、奶干、奶酪，以及手扒羊肉等食品。一些牧民会把酸奶块、奶豆腐等切成小片盛在碗里，用奶茶泡着吃，也有人把少量炒米以及几片熟肉放在碗里用热奶茶泡着吃。所以奶茶不仅仅是饮料，也是一种重要的佐餐食物。

因为奶茶是牧民生活的重要组成部分，所以，向客人敬献奶茶就成为草原牧民的礼节性习俗。

早年，草原牧民向长辈或贵客敬奶茶时多用银边木碗，现在则使用精致的瓷碗。敬献奶茶时，一般以年龄长幼为序，茶水不会倒满，多以八分为宜，同时，主人必须以双手奉上，若以一只手递茶或放到桌子上磕出声响，便属失礼。客人接奶茶时也必须用右手接，否则就会被视为对主人的轻视。

2

经过多年传承，奶茶成为许多民族的日常饮品。其中，对"奶茶文化"继承最全、发扬最广的则是后来的满族。

满族原是生活在中国北方白山黑水间的少数民族，平日饮用最多且最具特色的莫过于以紧压茶即黑红茶为主要原料熬制的奶茶，清代官方文献中将其称为乳茶、奶子茶。

满族平素饮乳茶的生活习惯在家宴乃至大规模的筵宴中也形成了规制。《龙江三记》中记载说："满洲有大宴会……每宴客，客坐南炕，主人先送烟，次献乳茶，名曰奶子茶。"

入主中原后，在大量接受汉人饮食文化的同时，满族依然保留了关外喝乳茶的习俗，并将奶茶的饮用推置要位，甚至在奶茶原料用量、制作方法及所用器皿上都有规定。

清宫承担熬制奶茶的机构有上茶房、御茶房、茶房等。上茶房是皇帝本人的小茶房，用来熬制奶茶及各式茶品，供皇帝随时饮用。电视剧《步步惊心》中，马尔泰·若曦进宫后奉茶的地方正是此处。御茶房则负责应付宫内较大型的茶事活动，当然也包括熬制奶茶。茶房泛指宫内后妃、阿哥等人各自的小茶房，随时为主人供应各式饮品。宫中举行大型筵宴，所需奶茶则由专门管理筵宴的光禄寺承办，并由蒙古的专业高手熬制奶茶。

奶茶的熬制方法也更为考究，取牛乳一镟（重三斤八两）、奶油二钱、黄茶一包（重二两）、青盐一两，将配料置于银桶内上火熬，然后将熬成的奶茶盛装银茶桶内备用。

清朝宫廷非常注重奶茶熬制的品质。康熙、乾隆皇帝颇精通茶道，在奶茶的制作中也遵循古人之道，注重择茶、择水、择器与熬茶技艺的完美结合，以便熬制出纯正的奶茶。

其中，用于熬制奶茶的贡茶主要有安徽进贡的黄茶、云南进贡的普洱茶团、茶饼，湖南进贡的安化茶砖等。宫廷所用煮茶的水来自玉泉山（北京香山附近），该处水易溶解茶叶中的有效成分，因而熬制出的茶味浓香，没有杂味。

饮茶的茶具也有严苛的要求。这一点在电视剧《步步惊心》中也有体现，剧中，马尔泰·若曦为讨皇上及众阿哥欢心，特按人物特质烧制了不同的茶具，也因之得到皇帝赞誉。

除日常食用奶茶外，在各类筵宴、祭祀中，也常见奶茶的身影。筵宴用奶茶，首推皇帝万寿（皇帝生日）、元旦（春节）及冬至举行的三大庆典活动。家宴是指在三大庆典以及其他节令中，皇帝在乾清宫设宴款待后妃皇子皇孙。家宴程序一般是：先上热汤，进汤饭，喝奶茶，之后才筵宴。此外，在朝廷举行的礼仪活动和祭祀活动中，都有皇帝赐奶茶之礼。

对清朝宫廷而言，饮用奶茶被赋予了多重意义，这也间接影响了与之相关的熬制技巧、使用茶具、品茶艺术、赐茶仪式等一众奶茶文化。

3

奶茶虽有悠久的历史，但实际上，它们和如今大街小巷的奶茶还是有着明显不同。前者虽然可根据食客个人口味加料，但为了掩盖纯奶天然的腥膻味，人们更多选择在奶茶中加盐，而我们今天喝的奶茶大多是甜奶茶，只是在用糖量上有着个人的选择空间。

追溯甜奶茶的历史则是另一个方向——英式奶茶。当然，英式奶茶的出现，得益于中国茶叶的出口。

16至17世纪时，中国茶叶品种及饮茶方法传入欧洲。对当时的欧洲人而言，茶叶是来自东方的"神药"，饮用后可以预防和治疗疾病，尤其对治疗头痛、失眠、胆结石、胃病、健忘症等效果显著。

后来，在嫁给英国查理二世国王的葡萄牙公主卡瑟琳娜的带动下，英国贵族开始把茶叶当作饮料，使得茶叶一度成为上流社会的象征，这也引发了英国中下层纷纷效仿，茶叶就此在全国普及开来。

在17世纪初的香港石板街，广州官吏林智贤为招待荷兰使节，拿出了自己首创的港式奶茶：在茶中添加鲜奶和砂糖。荷兰人十分喜爱这种独特的喝茶方法，并将这种喝法带回荷兰。

1680年，约克公爵将这种时髦的饮茶法引进英国，受到英国皇室贵族的喜爱，逐渐成为英国贵族专属。随着奶茶的进一步发展，欧洲人的喝茶思路得到扩展，在茶里加糖加奶的同时，还大胆加入巧克力酱、蜂蜜、白兰地酒和肉桂粉等，这便有了多种口味的花式奶茶。这种早期的英式奶茶茶味较重，口感爽滑，再度传回中国香港后，制作方法又被进一步改良，加了一道撞茶工序，以保证奶茶中茶味的浓厚。

马来西亚和新加坡的拉茶，制作方法与香港奶茶差不多，唯多一道"拉"的程序。所谓拉茶，即是将已煮好的奶茶由一个器皿从高处倒入另一个器皿中，此过程会被重复数次，高度的冲力被认为可以激发奶茶浓郁的香气并使之滑润均匀。

20世纪80年代，中国台湾首次将地方小吃粉圆加入奶茶中，让奶茶不仅能喝还能吃，"珍珠奶茶"就此诞生，并在半年内迅速成为台湾的第一饮品。之后，珍珠奶茶登陆香港，在全国发展直营店，陆续进驻上海、广州等地，直到如今红遍全国。

21世纪以来，众多奶茶品牌接连创立，制作方式不断发展，配料也越发丰富。据统计，中国茶饮市场规模目前已近上千亿元，茶饮门店已近60万家。奶茶已成了饮食界中的一款"爆品"。

值得注意的是，奶茶从需要"慢工出细活"的饮品变成制作流程简单的快消品，首先牺牲的正是传统奶茶使用的原材料。

市面上的奶茶大多是由奶粉、茶粉、糖浆调配而成，其中，茶粉含有的咖啡因含量高，过量摄入会影响神经，引起心跳过速、失眠等；奶精中含有反式脂肪酸，过量摄入可增加心血管疾病发病风险；而如今流行的奶盖、珍珠、冰激凌等配料，皆属于加工食品，糖和脂肪含量较高，食用后可令身体热量增加，久而久之，容易导致身体发胖。

  做人最重要的就是开心,但健康也不容忽视,希望每一位奶茶少年都能铭记:达则兼济天下,穷则少喝奶茶。

为什么江浙菜没能火遍全中国？

文：巫不苦

一方水土养一方人。食物不仅塑造性格，还反映了地域特征和人文情怀。如今，川菜、火锅、东北烧烤红遍大江南北，但诡异的是，江浙菜不仅没能走出吴越，反而被外来美食压得抬不起头。江浙菜还因此被评为最冷门的八大菜系之一。这到底是为什么？

江南风物

一说起当代江浙有名的作家，就不得不提及汪曾祺老先生。汪老擅长从琐事入手，描述生活美学，很具法式浪漫气质。在法国人看来，美食位于文化的核心地带。这一观点与汪曾祺不谋而合。汪曾祺

"爱吃"是不争的事实，他曾广泛描写中华美食。当然，最引人入胜的片段要数他在名篇《故乡的食物》中提到的炒米、焦屑、端午的鸭蛋和咸菜茨菰汤了。此外，汪曾祺对故乡的水产也情有独钟。

饮食习惯多是因地制宜，所谓"靠山吃山，靠水吃水"。江南水乡江河纵横交错，岛屿海湾众多，鱼鲜占了很大比重。

在汪曾祺故乡高邮，螺蛳、砗螯（蚌螯）、虎头鲨处处都有。鱼中之名贵的是鳊鱼、白鱼、鳟花鱼。虾有青虾、白虾之分，蟹极肥。野味是定不能少的。捕鱼者通常会带上一杆铁砂猎枪，顺手打上几只野鸭。按照他的说法，野鸭可清炖，可红烧，也可烧粥，肉质细腻酥脆，不像家鸭肉那么老。倘若是各地都有的西红柿、土豆和大白菜，那远谈不上风物，用沈从文的话来讲"格"不够高。所谓"到了三月三，荠菜赛牡丹""蒌蒿满地芦芽短"，家乡野菜代表江南人的心哪！

做菜的艺术

近代江南富得早。仓廪实而知礼节，江浙菜一贯讲究排场，传承精品路线，选材品质上乘，卖相赏心悦目，营养均衡，口味典雅。或氽、或炒，或清蒸、或红烧，或以酒醉之，整治有方。

工艺烦琐

自清代起，就有关于江浙菜谱的详尽记载。尽管缺少图片影像，但字里行间足以见证其步骤之烦琐。

例如《随园食单》之中，关于刀鱼的烹饪手段：用蜜酒酿、清酱，放盘中，如鲫鱼法蒸之最佳。不必加水。如嫌刺多，则将极快刀刮取鱼片，用钳抽去其刺。用火腿汤、鸡汤、笋汤煨之，鲜妙绝伦。

又如《红楼梦》之中，刘姥姥吃到的那盘茄子，表面上只是一盘简单的茄子，里边却大有江湖，添加了鸡油、鸡胸肉、蘑菇、干果子、新笋、五香腐干和鸡爪等。茄子早已不是茄子，肉里隐藏了茄子，茄子里又隐藏了肉，不可谓不精妙。

"浓油赤酱"是吴语的特有词语，红烧占了江浙菜的很大比例。无论是无锡酱排骨、烤方，还是冰糖肘子、东坡肉，无一不是靠调料炖出来的。但这并不意味着将调味品一股脑倒进去，往往要经历数次煮沸、下料、收干和起锅，既要使酱汁被食材吸收进去，又要保证口味不至于太重。

江浙菜颇似江浙人含蓄婉转而复杂的性格，往往一句话背后隐藏着丰富的潜台词，一道菜背后蕴藏了数之不尽的滋味。

菜肴中的小惊喜是厨师与食客之间妙不可言的交流良机。一口菜吃下去，懂行的食客立刻能明白厨师的功夫用在了哪里。

食材考究

江浙菜馆注重选材，以十里洋场为佳。

蔬菜一定只要最嫩的那部分，一道再普通不过的清炒豌豆，好不好吃全在选材是否细致上。一盘小炒牛肉，芦笋只挑笔尖那么细的嫩枝，牛肉只选前腿肉花的中间部分。

汪曾祺曾在北方买了十来条昂嗤鱼，回家一做，不是那么回事。昂嗤鱼必须吃活的，塘鳢鱼也得吃活的。长途转运过来的，滋味尽失，一点意思都没有。

北方也偶有荠菜卖，出自郊区农民的菜园，其颜色浅淡，香气全无，茎秆分明强硬扎嘴，总比不上江南野生的有味。

说这些，并非为了刻意贬低其他地方，他乡自有他乡的好。离开了故土，江浙菜再难找到合适的食材，做出来的菜肴自然不可同日而语，这或许是"江浙菜走不出江浙"的原因之一吧。

派头十足

江浙菜搭配西式餐盘，尤显清秀明朗，美如印象派大师莫奈之画。

即便是吃早面，也少不了几小碟浇头。细数江浙名菜，有四小件、四大件、八小盆和八大盆。菜多量少，每盘吃不上几口，能尝出味道，不至于吃太饱，意犹未尽恰到好处。

江浙宴客讲究"量少，样数多"，洋洋洒洒摆满一整桌，水陆杂陈，撤完旧菜，再上新菜。

一桌酒席想要吃"到位"，往往少不了二十多道菜色，最后得来一壶碧螺春清嘴。倘若菜品不够，就很难吃尽兴，也吃不出一派杯盘狼藉的"江浙气概"。

即便在十年前，一桌像样的苏杭船点也包含好几十样菜品，随随便便就能卖上三四千块钱。相比之下，川菜味重，酣畅淋漓的麻辣，好下饭；东北菜量大，咔咔几大盆，吃毕抹抹嘴，心满意足。一桌价格往往不到江浙菜的一半，可谓"大庇天下寒士俱欢颜"。显而易见的是，畅销商品必依托于物美价廉的品性。

也许在现代人看来，好吃便捷又能填饱肚子才最实惠。江浙菜太虚，太讲究，太麻烦，不大实用。讲排场、工艺复杂、食材考究，这本身没什么错，反过来却造成了江浙菜在竞争中的劣势。

重口味至上

改革开放四十多年，人口流动之剧烈是有目共睹的。劳动大军奔赴东南沿海，深圳千万人口中，大部分来自五湖四海。人口迁移总趋势：从山区流向平原，从农村流向城市。四川、江西、安徽、贵州、湖南等农业人口众多的省份为主要人口输出地。东南沿海为人口输入地。

江浙闽粤为西南劳动力提供了工作。作为回报，西南人带来了家乡菜。菜系之战从此变得一发不可收。正是在人口迁移最为迅猛的2000年前后，全国饮食习惯发生了大转变。准确地讲，"辣味"野蛮扩张，造就了中国人的第一口味。

"辣味"缘何胜出？

其实答案很简单：从烹饪的角度来看，辣能掩盖食材新鲜程度，省事儿。从吃的角度来看，辣够味，好下饭。

另一方面，辣能激活内啡肽的分泌，释放愉悦感。人只有在吃得满头大汗之后，情感才会得到安慰，身体才会巴适[1]安逸。

康师傅曾依靠红烧牛肉面成功进驻中国大陆市场。谁承想，到了千禧年后，公司面临销售瓶颈，业绩停滞不前。破局的关键在于2003年，公司推出的第一款辣味方便面，从上架开始便打遍天下无敌手。

类似的案例屡见不鲜。早在1995年，武汉人南下广东推销武汉鸭脖。最初的几年里，武汉商人四处碰壁，生意十分惨淡。令人意外的是，五年后，鸭脖生意已经从深圳扩展到了广州，消费者不单单是前来打工的西南人，还有不少正宗的广东人。

---

[1] 四川方言，指舒服、很好。——编者注

"辣味"从一个胜利走向另一个胜利，在祖国辽阔的土地上蔓延。只用了十年，广东、福建、江浙相继宣告"沦陷"，淡口味被彻底打出了现代年轻人的世界。

2010年是"辣味殖民"里程碑式的节点，根据清华大学的一项调查：全国菜系受欢迎排行榜中，川菜以51.2%的绝对优势独占鳌头，而后依次是东北菜、湘菜和鲁菜。

江浙菜已经经历，也正在经历着边缘化。

渡不过的大洋

美食具备交流审美之功能，可以推动地区文化走上国际舞台。

欧美人不嗜辣，江浙菜理应更符合外国人口味。可如今在欧美国家，人人都认火锅为中国国粹，却不知江浙菜为何物，背后反映的是文化成本带来的差异。

江浙菜名强调"形、音、色"三者和谐统一，所以江浙菜名表意含蓄，背后蕴藏着深远的文化信息，文化当然也是卖点之一。

反过来讲，这导致了江浙菜名极不容易翻译，而误译、漏译又会造成信息流失。江浙菜一旦走出国门，就失去了原有的文化功能。

有的人将"龙井虾仁"译为"Fresh Pure Prawns"，该译文仅体现了主料，却忽略了"龙井"。"龙井虾仁"因"龙井"而得名，但"Fresh Pure Prawns"的翻译效果背离了对外宣传"龙井"文化的初衷。同样，"葵花大斩肉"（红烧狮子头）通常被译为"Meat Ball"或"Lion Head"；"文思豆腐"又被简单地译为"Wensi Tofu"；"松鼠鳜鱼""紫炝虎尾"等菜品就更难翻译了。即便勉强凑出个洋文名来，也让人摸不着头脑。相反，"辣子鸡丁""水煮牛肉"和"水煮鱼"等名牌川菜，菜名简单直白，只要直译即可。相比之下，江浙菜命名方式曲高和寡，不利于传播。

乡魂

菜有两种味道，一种是菜肴本身的风味，还有一种则是人情味。

每位游子离开时，都带走一片落叶，却留下一条根。家乡菜是情感纽带，是长在游子身上那条断不掉的根。

自汪曾祺成年离家，就很少再回江苏，自新中国成立后更是长年居住在北方。即便如此，汪曾祺的那颗心、那个江浙胃，也一直与故乡的食物紧紧系在一起。

他所有的乡愁，都隐藏在了字里行间。他说，我十九岁离乡，辗转漂流，三四十年没吃到茨菰，并不想。在沈从文先生家吃过茨菰肉片后，因为久违，我对茨菰有了感情。我很想喝一碗咸菜茨菰汤。我想念家乡的雪。

唐僧肉到底应该怎么吃？

文：王笑寒

《西游记》的火爆程度毋庸置疑。时光飞逝，1986年版的《西游记》时至今日仍有强大的"造哏能力"，使其在网络亚文化中依然占据一席之地。

《西游记》中，为了突出求取真经的难度，作者特意给出"吃唐僧肉可以长生不老"的设定，使得取经路上的各路妖怪都对"唐僧肉"趋之若鹜。奇怪的是，在谈及"如何吃唐僧肉"的问题时，各路妖怪却出奇地一致，认为唐僧肉应该"蒸着吃"。

在"三打白骨精"的相关章节中，唐僧自己也说过："我命在天，该哪个妖精蒸了吃，就是煮了，也是我命该如此。"可见，就连唐僧自己也觉得，"蒸着吃自己"是优于"煮着吃自己"的做法，至于其他吃法，似乎不太上得了台面。

除了蒸着吃以外，书中对唐僧提出了不同吃法的主要是三只犀牛精，他们认为，吃唐僧肉应当将其"选剥了衣裳，汲湍中清水洗净，算计要细切细锉，着酥合香油煎吃"。

既然《西游记》的故事背景设定在唐代，那么，按照唐人饮食文化，唐代妖怪真的有可能偏爱蒸肉吗？他们如果要吃唐僧肉，又会有多少种做法呢？

食肉六法：唐代肉食烹饪概览

由于肉类不能与粮食一样长期保存，唐人食肉，最常把鲜肉制成干肉或腌肉，称之为"脯"和"腊"，此为唐人食肉一法。在唐代，像"脯"和"腊"这类干肉，不仅受到普通百姓的欢迎，甚至为帝王将相所好，可算风靡全国。

例如，根据《资治通鉴》的记载，与唐代相距不远的隋炀帝杨广便是偏爱腊肉的著名"吃货"，杨广对干肉实在"爱得深沉"，当太子时，甚至偷偷令下人将干肉放在竹筒中，再将竹筒裹藏在衣服中，方便饿了随时食用。

除了当零食吃以外，根据《北梦琐言》和《云仙杂记》的记载，在唐代，干肉往往还会用于佐饭，这与今天的吃法类似。在这类干脯中，鹿脯算是极品。

根据《玄怪录》记载，曾位列唐朝宰相的郭元振就曾与一位不具名的将军一起食肉，其间以得自御厨的鹿脯款待将军，使得尝到了人间珍馐的"吃货将军"大为开心。

在唐代，请客吃饭算是常事。例如，唐中宗景龙年间，西安人韦巨源官拜尚书令，为庆祝自己高升，便特意举办"烧尾宴"（短暂流行于唐长安的一种宴会，往往举办于士人新官上任或升迁后）宴请中宗与亲朋，并且留下了记载详细的《烧尾食单》。

在《烧尾食单》中，便有一道菜是将鲜肉制成干肉后做成一尺虬龙的形状，虬龙繁复的龙须卷曲浓密，用筷子按压与寻常的肉脯无异，但能在筷子撤回后迅速回弹，十分神奇。

除了"脯"和"腊"以外，唐代也流行蒸肉，此为唐人食肉二法。在众多家畜中，唐人蒸肉往往会选择营养较为丰富，口感较为鲜嫩的鱼、羊。

例如，《北梦琐言》中记载，朗州道士罗少微在茅山紫阳观寄泊，与丁秀才等人围炉饮酒，说起肥羊美酒，其间，丁秀才外出片刻，头顶着雪回了屋，手提了一壶酒，顺便带了根上佳的蒸羊腿，以羊腿下酒，可谓美甚。

当然，在蒸制的食物中，最常见的是各种水产和海产。例如，在韦巨源《烧尾食单》中，便有所谓"金银夹花平截"，在制作时需用细签将蒸熟了的蟹黄与蟹肉剔出，再夹在蒸卷之中，然后切成大小相等的小段，方便入口，比肯德基"老北京鸡肉卷"算是"高大上"了不少。此外，在《烧尾食单》中，另有"凤凰胎"，是将尚未成熟的鸡蛋与鱼白拌和后蒸制而成。《全唐诗》有云，"鲂鳞白如雪，蒸炙加桂姜"，便生动地描绘了唐人对蒸鱼的热爱。

实际上，倘若我们统计《烧尾食单》中的各类珍馐，便能发现流传下来的食物共有五十八种，其中主要依赖蒸制的各类点心有二十余种，各类蒸煮的肉类也有十余种，说明在唐代的高等级宴饮活动中，蒸制也是较为常见的烹饪方式。

除了蒸制以外，在唐人的食肉文化中，"鲜鱼刺身"也是重要的一种，唐人将其称为"鲙"，此为唐人食肉三法。当然，"鲙"本身是将鱼切成丝，不一定意味着生吃，只是唐人更加偏爱生吃。

如果我们根据唐代文献盘点各类"鲜鱼刺身"，最为奢华的便数传说中的"金齑玉鲙"了。根据《云仙杂记》中的描述，在前文中热爱肉干的隋炀帝杨广，便认为"金齑玉鲙"是东南地区的代表食物。

实际上，所谓"金齑玉鲙"是一种高级刺身，讲究鱼肉要切成晶莹剔透的薄片，并夹杂以金黄色的橙皮拌之，金黄的橙丝与晶莹剔透的鱼片映衬，呈现出"金齑玉鲙"之感。除此之外，唐人在食用鱼鲙时，往往还会佐以菊花、柏叶，曲阿和苕溪佳酿，美酒入口，不仅能为鱼鲙增加香甜，还能像海绵一般轻轻吸去鱼鲙的油腻感，可谓一举两得。

至于煎炸，虽然唐人在烹饪肉食时并不常用，但在制作点心时则较为常见，此为唐人食肉四法。例如，在韦巨源《烧尾食单》中，有所谓"巨胜奴"，实际上就是一种面中夹杂了花蜜和羊奶酪的油炸点心。对这种点心，苏轼有诗云："纤手搓来玉色匀，碧油煎出嫩黄深。夜来春睡知轻重，压匾佳人缠臂金。"这生动地描述了其制作过程。

炙烤也是唐人特别常用的肉食烹饪手段，此为唐人食肉五法。这一方法常用于油脂较多的牛、羊、猪、鸭和鹅类。例如，在唐代江淮地区，就颇为流行烤鹅。根据《和梦得夏至忆苏州呈卢宾客》所述，偏爱刺身的白居易也是吃烤鹅的好手，他在夏至时曾于苏州摆宴，就以清香的粽子搭配烤制的脆鹅，并且佐以江南的美酒和美景，在歌舞声中逍遥作乐，实在好不快活。

实际上，除了家中饲养的牲畜外，唐人田猎所得野味的烹饪也大多是烤制而成，其中尤以烤鹿为多。按照《剧谈录》的记载，唐代贵门子弟在饮食上十分挑剔,喜欢所谓"燔炙煎和"。在《烧尾食单》中,也较为常见炙烤之物,如"金铃炙""光明虾炙""升平炙"等,说明炙烤也的确是唐人较为喜爱的肉食烹饪方式。

根据《杜阳杂编》的记载,在唐代的炙烤肉食中,最为特殊的便是传说中的"消灵炙"了。这种炙烤食物对于原料的选用极其讲究,平均在每头羊身上只取四两肉,烤熟之后甚至能存放一整个夏天,也不会腐烂臭败,可谓神奇之至。

除却脯、蒸、脍、煎、炙以外,唐人食肉,还喜欢将肉炖煮成羹,此为唐人食肉六法。

总而言之,在唐代肉食烹饪技术中,共有"脯、蒸、脍、煎、炙、羹"六法,倘若对应到唐僧的吃法上,则应该有"唐僧肉干""蒸唐僧肉""唐僧刺身""煎唐僧肉""烤唐僧肉"和"唐僧肉羹"六种吃法。

单纯从吃肉的角度来看,以上六种吃法实在各有千秋,很难分出胜负。那么,为什么在《西游记》的众妖心中,"蒸唐僧肉"能脱颖而出呢?实际上,这与唐人吃饭的礼仪有关。

食礼为大:蒸制烹饪的特殊性

如果《西游记》中的妖怪抓到唐僧后就发挥"兽性"立马吃了,估计就不会有后面的故事了。但是,变成人形的妖怪在吃唐僧肉这件事上仪式感很强,基本遵从了人类社会的饮食文明。在《西游记》原著中,金翅大鹏曾说:"此物比不得那愚夫俗子,拿了可以当饭;此是上邦稀奇之物,必须待天阴闲暇之时,拿他出来,整制精洁,猜枚行令,细吹细打的吃方可。"

可见,在金翅大鹏眼中,吃唐僧肉不仅需要择吉时(天阴闲暇之时),还需要讲究精致(整制精洁),顺便配上好酒(猜枚行令),再加上点音乐(细吹细打)。这哪是单纯吃唐僧肉,明明吃的是"仪式感"。

那么,在吃饭时讲究"仪式感",就一定要蒸制吗?

实际上,早在先秦文献《诗经》中,蒸制方法在中国饮食文化中就有十分独特的地位。在先秦祭祀时,敬神的食物多采用蒸制,这样往往可以使食物的香气与蒸汽升腾,乃至布满祭祀场所,营造出整个祭祀过程的"仪式感"。按照清人《诗经原始》的解释,蒸制食物散发出的香气与蒸汽可以使人与神由气相通,达到人神交流的目的。因此,强调吃唐僧肉时的"仪式感",就是唐僧必须要蒸着吃的首要原因。

唐人的祭祀饮食文化承自先秦,在祭祀选用的肉类上往往以"三牲"(牛、羊、豕)为主。根据清人在《十三经注疏》里的研究,唐人对祭食十分讲究,如对不同的祭祀对象要选取不同毛色的动物,这些动物的毛色还必须是纯色,不能掺杂其他颜色,标准十分严苛。

除了注重毛色以外,唐人还十分重视祭祀牺牲的体质。在唐人祭典中,有专门的太仆寺来负责挑选祭食。在太仆寺的官员看来,倘若要祭祀天地,则必须用肉嫩的幼牲。所谓"角茧栗",实际上就是牛角尚如蚕茧一般的小牛。根据笔者多年食用潮汕牛肉的经验,这种幼牛的肉质十分滑嫩,尝起来口感极佳。当然,唯有通过蒸制这种简单朴素的做法,才能凸显食材本身极为嫩滑的特点,这也是唐僧肉必须蒸制的第二个原因。

另外,按照《册府元龟》的记载,唐人在选择祭祀食物时往往十分注重干净。例如，在唐代皇帝下达的有关祭祀的诏书中，就多次强调食物必须保持干净。唐人认为，保持祭祀食物干净是人们敬重鬼神的方式。除了保持祭品的清洁，在唐人看来，保持祭品的完整性也十分重要，祭品的完整程度表明了人对神的尊敬程度。因此，正是出于对保持唐僧肉干净和完整的考虑，蒸着吃唐僧肉是最好的吃法。

此外，根据清人在《十三经注疏》中的研究，按照唐人祭祀活动的标准礼节，在让神灵享用祭品之前，往往要先选定良辰吉日，称之为"卜日"。在定下良辰吉日后，祭祀者则要进行斋戒，在斋戒数日之后方可行动。当然，在各类祭品中，酒也是不可少的，但要选用味薄清淡的酒来表达对神灵的敬意。

归纳来看，唐人在祭祀选用食物方面，同样需要选定良辰吉日，且讲究食物的精致整洁，配上好酒并加以奏乐，这与金翅大鹏想象中吃唐僧肉的方式完全一致。

可见，吃唐僧肉并不是单纯地"吃肉"，还要充分考虑吃肉时的礼仪，讲究所谓"仪式感"。不得不说，正是这套礼仪，给了孙悟空营救时间，救了唐僧一命啊！

查阅本书参考文献
探索更多历史知识